LE NOUVEL HYPNOTISME

L. MOUTIN.

LE NOUVEL

HYPNOTISME

PAR

L. MOUTIN

PARIS

LIBRAIRIE ACADÉMIQUE DIDIER

PERRIN ET Cⁱᵒ, LIBRAIRES-ÉDITEURS

35, QUAI DES GRANDS-AUGUSTINS, 35

1887

LE
NOUVEL HYPNOTISME

INTRODUCTION

Il y a longtemps que nous nous proposions d'é-
crire ce livre, dans le but de dévoiler et de mettre
à la portée de tout le monde les moyens de produire les effets magnétiques dont chacun a pu être
témoin. Nous avions été arrêté, jusqu'ici, par les
préventions que manifestaient beaucoup de personnes pour tout ce qui touche à l'hypnotisme,
puisque telle est la nouvelle dénomination — im-
parfaite selon nous — qu'on a donnée au magnétisme. Mais, aujourd'hui que cette science a pour
adeptes et pour mentors nos célébrités médicales
et bon nombre de nos savants, nous n'hésitons
plus, et nous sommes convaincu que le *Nouvel
hypnotisme* sera lu avec quelque intérêt.

Il est peu probable, en effet, qu'on traite de charlatans les hommes éminents qui se sont adonnés à l'étude consciencieuse, méthodique, des phénomènes magnétiques ou hypnotiques, et dont les expériences sont publiées dans tous les journaux, même dans ceux qui auraient cru jadis manquer de respect à leurs lecteurs, en relatant des expériences de ce genre.

La lecture du livre que nous soumettons aujourd'hui à l'appréciation du public, permettra à chacun de vérifier, par lui-même, nos procédés et ceux des savants, et de se convaincre ainsi qu'ils n'empruntent rien au charlatanisme. Il suffira, pour réussir, de suivre nos conseils. Les dispositions hypnotiques, en effet, ne sont ni le privilège de quelques-uns, ni un don naturel, comme d'aucuns le prétendent : c'est une faculté que nous possédons tous, à des degrés divers. D'ailleurs, il en est de même de toutes les facultés que nous tenons de la nature. Ainsi, par exemple, tout le monde peut chanter, ce qui ne veut pas dire que chacun chante bien ou juste. Mais on sait que par des exercices vocaux prolongés, on peut arriver à corriger, dans une plus ou moins grande mesure, les imperfections naturelles. L'hypnotisme ne fait pas exception à cette règle : par la pratique, on peut acquérir une grande habileté dans cet art.

Personne n'ignore que certain animaux possèdent une remarquable puissance de fascination.
C'est ainsi que le serpent, en fixant, même à une
grande distance, le rossignol ou tout autre petit
oiseau, le force à cesser peu à peu son chant joyeux
pour pousser un cri perçant et descendre, de branche en branche, jusqu'à ce qu'il tombe sous la
dent meurtrière de son ennemi. A son tour, le
serpent est fasciné par le cerf. Quand celui-ci l'a-
perçoit, il s'arrête court, et le reptile vient, en se
convulsant, ramper sous le pied du quadrupède.
La belette essaierait, en vain, de fuir, si son regard
a rencontré celui d'un crapaud. Le crapaud lui-
même est à la discrétion de l'araignée. La perdrix
ne peut plus prendre son vol, dès que les yeux
fascinateurs du chien l'ont frappée de vertige.
Quand l'épervier fixe un autre oiseau, il le paralyse complètement.

Eh bien, est-il admissible que des animaux d'un
ordre relativement inférieur, aient un pareil pouvoir, et que ce pouvoir soit refusé à l'homme ?
C'est, pourtant, ce qui s'est produit, car, jusqu'ici,
on n'a pas voulu admettre que l'homme ait sur
son semblable l'influence qu'on reconnaît au serpent, au crapaud, à l'épervier, etc. Il faut qu'on le
sache : l'homme possède une force [1] dont la puis-

---

[1]. Nos savants sont divisés sur la force magnétique : les uns
en admettent l'hypothèse, les autres la repoussent. En ce qui

sance est merveilleuse, et au moyen de laquelle il peut faire des prodiges.

Les savants qui s'occupent d'hypnotisme et qui n'admettent pas l'hypothèse de la force neurique rayonnante, ou le rayonnement vital, ont-ils raison d'agir ainsi ? Les phénomènes hypnotiques ne seraient-ils que le résultat de l'innervation, de l'imagination ? Nous ne le croyons pas. Après tout, ces messieurs ne sont pas infaillibles. *Errare humanum est...* Pour notre part, nous sommes, à tort ou à raison, convaincu qu'une force, encore impossible à définir, est à notre disposition ; que, par un effort de notre volonté, nous mettons cette force en action, et qu'elle est la cause première de tous les phénomènes hypnotiques.

Il est admis qu'il n'y a pas d'effet sans cause ; or, quand nous agissons sur des animaux, ce n'est certainement pas leur imagination que nous influençons, ce qui n'empêche pas que nous n'obtenions des effets physiologiques absolument manifestes et, surtout, très étonnants.

A quoi donc attribuer ces phénomènes, sinon à la force neurique ? D'ailleurs, tous les corps de l'univers ne sont-ils pas mus par une force analo-

nous concerne, les expériences répétées que nous avons faites, nous amènent à admettre l'hypothèse d'une force magnétique, qui est soumise à notre volonté. Les lecteurs trouveront plus loin des explications qui nous paraissent concluantes.

gue et tout aussi inconnue ? Les astres, par exemple, obéissent à deux forces, l'une attractive l'autre répulsive. On a donné à ces forces les noms de centrifuge et de centripète, mais ces mots ne nous apprennent rien sur la cause qui engendre les forces en question, parce que la science n'est pas, pour le moment du moins, en état de nous la dévoiler.

Nous assistons, tous les jours, aux phénomènes les plus saisissants, sans y prêter grande attention parce que nous sommes habitués à les voir se produire sous nos yeux. Mais si nous voulions nous demander, par exemple, quelle est la cause qui fait germer le grain de blé, nous serions incapables de trouver une réponse à cette question. Nos plus grands savants sont, sur ce point, tout aussi ignorants que le premier venu.

La causalité de toutes choses est absolument inconnue. Pourquoi les phénomènes magnétiques ou hypnotiques feraient-ils exception à cette règle générale ?

On peut produire l'électricité par une foule de moyens; tous les corps en sont imprégnés, elle est partout, mais son origine, la cause dont elle dérive est ignorée de tous.

A notre humble avis, la force vitale n'est qu'une autre manière de se manifester de cette force universelle. Pour s'en rendre compte, il suffit, croyons-nous, d'étudier attentivement la force neurique rayonnante et la force électrique, et de les comparer entre elles, pour arriver rapidement à trouver qu'elles se ressemblent beaucoup, quant à leurs effets.

D'ailleurs, nous nous hâtons de déclarer que nous n'attachons pas une grande importance à ces hypothèses, et nous ne nous y arrêterons pas plus longtemps.

Toutefois, avant d'aborder la description des procédés, aussi simples que sûrs, qui doivent servir à guider ceux qui voudront répéter les expériences auxquelles ils ont assisté, ou à les faire connaître à ceux qui n'en auraient pas été témoins, il nous reste à citer les procédés employés, jusqu'à nos jours, par les plus célèbres apôtres du magnétisme, bien qu'ils aient le défaut capital d'être beaucoup trop compliqués. Nous consacrerons, en outre, un chapitre aux théories des auteurs anciens et modernes sur la prescience et la double vue.

PREMIÈRE PARTIE

HISTORIQUE

PROCÉDÉS DE MESMER

Il est probable que Mesmer ignorait le somnambulisme, car, s'il produisit le sommeil magnétique, il n'en parla jamais à ses élèves. Il n'employa le magnétisme qu'au point de vue thérapeutique, et au moyen de son légendaire baquet.

Voici comment il procédait :

Au milieu d'une salle se trouvait un baquet, dans lequel il plaçait un certain nombre de bouteilles, remplies d'eau, préalablement magnétisée. Pour combler les vides entre les bouteilles, il remplissait son baquet d'eau, ou de limaille de fer, de verre pilé, de soufre, de manganèse et de diverses autres substances, auxquelles il attribuait des propriétés magnétiques. Le couvercle du baquet était percé de trous, par lesquels passaient des tiges de fer recourbées et mobiles. Au bout de ces tiges étaient adaptés des cerceaux que les malades se passaient autour du corps. Ceux-ci se mettaient en cercle autour du baquet; il se donnaient la main et formaient ainsi ce qu'on appelait la *chaîne*.

Mesmer, armé d'une baguette en fer, magnétisait son baquet et chacun de ses malades, en les touchant légèrement sur les hypocondres, sur la région épigastrique et sur les membres.

Ordinairement, il faisait, pendant la magnétisation, jouer du piano ou de l'harmonica, car il prétendait que le fluide magnétique (il croyait à l'existence d'un fluide) se propageait par le son. Il admettait des pôles dans le corps humain; il croyait que le fluide magnétique était répandu partout, et qu'il n'était nullement besoin de la volonté pour produire des effets.

Les malades groupés autour du baquet ne tardaient pas (du moins les plus sensibles) à éprouver des crises nerveuses, parfois très violentes. Alors, Mesmer les faisait transporter dans une pièce spéciale, appelée *Salle des crises*, et il les y laissait se débattre jusqu'à ce qu'ils fussent calmés. Il croyait ces crises salutaires, et pensait que la nature se débarrassait, pendant ce moment-là, du principe morbide.

Nous ne partageons pas les idées de Mesmer, et nous croyons que si ses élèves, au lieu de forger des théories inacceptables, s'étaient appliqués à produire des effets, sans vouloir, préalablement, en expliquer les causes, ce qui leur était impossible, ils auraient peut-être réussi à faire admettre le magnétisme, comme science physique.

Il ne tarda pas à se former une sorte de schisme, parmi les disciples de Mesmer. Tandis que les uns partageaient entièrement l'opinion de leur maître sur l'ubiquité de la force magnétique et sur sa transmissibilité naturelle, et croyaient, avec lui, que la volonté était absolument étrangère à la manifestation des phénomènes hypnotiques, les autres (et ceux-là étaient, selon nous, dans le vrai) affirmaient que la volonté était nécessaire, qu'elle commandait à cette force qui est en nous, et permettait ainsi de la communiquer.

Enfin, les spiritualistes prétendaient obtenir les mêmes effets, sans l'intervention de la volonté, sans le moindre contact. Ils agissaient par la *pensée*, par l'*intention*, par la *prière*. Mais la pensée et l'intention sont-elles donc autre chose qu'une modification de la volonté, qu'une de ses manifestations?

Plusieurs docteurs régents partagèrent les idées de Mesmer, notamment le docteur d'Eslong, membre de la Faculté de médecine, et premier médecin du comte d'Artois. Par contre, si Mesmer et le magnétisme, firent des adeptes, ils rencontrèrent aussi des ennemis implacables, si bien que, dans l'espace de dix-huit mois, il se publia plus de cinq cents brochures, les unes pour, les autres contre la nouvelle doctrine.

Malheureusement pour la science, ces faits se passaient quelques années avant la Révolution française, et les esprits furent bientôt absorbés par des faits et des idées autrement importants que ne pouvait l'être une question scientifique.

Tous les élèves de Mesmer étaient riches et titrés. Ils émigrèrent, pour la plupart, et, pendant bien des années, on ne put guère, en France, s'occuper de magnétisme. Il est vrai que les mesmériens expatriés portèrent cette science un peu partout, même en Amérique, où elle fit de grands progrès, tandis qu'elle était complètement délaissée en France.

Ce ne fut qu'en 1811, que le marquis de Puységur, ancien général d'artillerie et disciple de Mesmer, tira le magnétisme de l'oubli, et découvrit le somnambulisme. Cette découverte prêta un grand attrait à l'étude du magnétisme, et contribua, dans une large mesure, aux progrès de cette science.

PROCÉDÉS DE PUYSÉGUR

Il faisait asseoir le malade à côté de lui (Puységur

ne magnétisait que des malades) et l'invitait à être calme ; puis, après s'être recueilli un instant, il lui appliquait une main sur la tête et l'autre sur l'épigastre. Il obtenait ainsi, après un laps de temps plus ou moins long, le sommeil ou l'engourdissement, suivant le degré d'impressionnabilité du sujet.

Plus tard, Puységur modifia entièrement sa méthode. Il ne magnétisa plus qu'à distance. Voici comment il fut amené à opérer ce changement de procédé : un jour, comme il endormait un jeune homme par ses procédés habituels, il s'aperçut, au bout d'un temps assez long, que son client n'éprouvait aucun effet. Machinalement, il retira ses mains et, aussitôt, le malade se plaignit d'une douleur dans la région épigastrique, et d'une gêne dans la respiration. Puységur appliqua, de nouveau, ses mains, et les effets cessèrent comme par enchantement. Il enleva une seconde fois ses mains, recula un peu et les dirigea vers le jeune homme qui ne tarda pas à s'endormir.

PROCÉDÉS DE L'ABBÉ FARIA.

A la même époque, quelques hommes courageux n'hésitèrent pas à rompre des lances avec les incrédules. Parmi eux, l'abbé Faria mérite une mention spéciale. Il ouvrit un cours public de magnétisme, qui fut suivi par un certain nombre de savants.

Cet abbé contribua puissamment à la propagation de la nouvelle science, en France. Il était doué d'une grande énergie, et opérait de la manière suivante : il appliquait, pendant quelques instants, ses mains sur la tête et sur les épaules du sujet, et, quand il jugeait le moment opportun, d'une voix vibrante et impérieuse, il lui commandait de dormir. Il réussissait assez souvent à produire, par ce moyen, le sommeil nerveux.

Malgré les succès obtenus par l'abbé Faria, nous ne recommandons pas d'employer sa méthode, parce que nous sommes convaincu qu'elle donnerait rarement des résultats positifs. Faria échouait lui-même assez fréquemment, et, quand une personne se montrait deux ou trois fois réfractaire à son procédé, il l'abandonnait, et la déclarait insensible à l'action magnétique.

PROCÉDÉS DE DELEUZE.

Laissant de côté une foule d'autres magnétiseurs qui se sont occupés sérieusement de la question, tels que le comte de Lutzelbourg, le chevalier Barbarin, Mont-Ferrier, etc., etc., nous nous occuperons spécialement des procédés de Deleuze et de du Potet.

De cette nombreuse phalange, Deleuze seul fit école. A vrai dire, il est, dans ses procédés, d'une minutie, d'une délicatesse extrême. Qu'on en juge par ce qui suit :

« Lorsqu'un malade désire que vous essayiez de le guérir par le magnétisme, et que sa famille et son médecin n'y mettent aucune opposition ; lorsque vous vous sentez le désir de seconder ses vœux, et que vous êtes bien résolu de continuer le traitement autant qu'il sera nécessaire, fixez avec lui l'heure des séances, faites-lui promettre d'être exact, de ne pas se borner à un essai de quelques jours, de se conformer à vos conseils pour son régime, de ne parler du parti qu'il a pris qu'aux personnes qui doivent naturellement en être informées.

» Une fois que vous serez ainsi d'accord et bien convenu de traiter gravement la chose, éloignez du malade toutes les personnes qui pourraient vous gêner, ne gardez auprès de vous que les témoins nécessaires, un seul, s'il se peut, demandez-leur de ne s'occuper nullement des procédés que vous employez et des effets qui en sont la suite, mais de s'unir d'intention avec vous pour faire du bien au malade. Arrangez-vous de manière à n'avoir ni trop chaud, ni trop froid, à ce que rien ne gêne la liberté de vos mouvements, et prenez des précautions pour ne pas être interrompu pendant la séance.

» Faites ensuite asseoir votre malade le plus commodément possible, et placez-vous vis-à-vis de lui, sur un siège un peu plus élevé et de manière que ses genoux soient entre les vôtres et que vos pieds soient à côté des siens. Demandez-lui de s'abandonner, de ne penser à rien, de ne pas se distraire pour examiner les effets qu'il éprouvera, d'écarter toute crainte, de se livrer à l'espérance et de ne pas s'inquiéter ou se décourager si l'action du magnétisme produit chez lui des douleurs momentanées.

» Après vous être recueilli, prenez ses pouces entre vos deux doigts de manière que l'intérieur de vos pouces touche l'intérieur des siens et fixez vos yeux sur lui. Vous resterez de deux à cinq minutes dans cette situation ou jusqu'à ce que vous sentiez qu'il s'est établi une chaleur égale entre ses pouces et les vôtres.

» Cela fait, vous retirez vos mains en les écartant à droite et à gauche, et les tournant de manière que leurs surfaces intérieures soient en dehors, et vous les élèverez jusqu'à la hauteur de la tête ; alors vous les poserez sur les deux épaules, vous les y laisserez environ une minute, et vous les ramènerez le long des bras jusqu'à l'extrémité des doigts, en touchant légèrement. Vous recommencerez cette passe cinq ou six fois, toujours en détournant vos mains et les éloignant un peu du corps pour remonter. Vous placerez ensuite vos mains au-dessus de la tête, vous les y tiendrez un moment et vous les descendrez en passant devant le visage à distance d'un à deux pouces, jusqu'au creux de l'estomac. Là, vous vous arrêterez encore environ deux minutes, en posant les pouces sur le creux de l'estomac et les autres doigts au-dessous des côtes ; puis, vous descendrez lentement le long du corps, jusqu'aux genoux. Vous répéterez les mêmes procédés pendant la plus grande partie de la séance. Vous vous rapprocherez aussi, quelquefois, du malade, de manière à poser vos mains derrière ses épaules, pour descendre lentement le long de l'épine du dos, et de là, sur les hanches et le long des cuisses, jusqu'aux genoux ou jusqu'aux pieds.

» Lorsque vous voudrez terminer la séance, vous aurez soin *d'attirer* vers l'extrémité des mains et vers l'extrémité des pieds, en prolongeant vos passes au delà de ces extrémités, en secouant vos doigts, à chaque passe. Enfin, vous ferez, devant le visage, et même devant la poitrine, quelques passes en travers, à la distance de trois à quatre pouces.

» Il est essentiel de magnétiser toujours, en descendant de la tête aux extrémités, et jamais en remontant, des extrémités à la tête.

» Les passes qu'on fait en descendant sont magnétiques, c'est-à-dire qu'elles sont accompagnées de l'intention de magnétiser. Les mouvements que l'on fait, en remontant, ne le sont pas.

» Lorsque le magnétiseur agit sur le magnétisé, on dit qu'ils sont *en rapport*, c'est-à-dire qu'on entend par le mot *rapport* une disposition particulière et acquise, qui fait que le magnétiseur exerce une influence sur le magnétisé, qu'il y a entre eux une communication du principe vital.

» Une fois que le *rapport* est bien établi, l'action magnétique se renouvelle dans les séances suivantes, à l'instant où l'on commence à magnétiser. »

Cette méthode a, entre autres défauts, celui d'être beaucoup trop compliquée. Elle absorbe presque toute l'attention qui devrait plutôt être portée sur les effets à produire. Il est beaucoup plus rationnel de diriger convenablement sa pensée, et de faire le moins possible de gestes, car si les *passes* absorbent toute l'attention, on a fort peu de chances de réussir. Or, comme il est rare qu'un insuccès n'amène pas le découragement, l'incrédulité a la partie belle.

Il importe donc, pour recruter des adeptes à l'hypnotisme de donner une méthode simple et, en quelque sorte infaillible, qui permettra au premier venu, en s'aidant uniquement d'un peu de bonne volonté, d'obtenir, presque sans fatigue, une foule de phénomènes du plus haut intérêt.

Voilà ce que Deleuze et les autres maîtres auraient dû comprendre, mais ils exigeaient d'un magnétiseur des vertus que peu de gens possèdent : la *Foi*, l'*Espérance* et la *Charité*. Ils étaient, certes, animés de sentiments très louables, mais insuffisants pour amener la conviction dans l'esprit de leurs contemporains.

On ne peut mettre en doute leur bonne foi, et il est certain qu'ils croyaient fermement à ce qu'ils enseignaient, car, à cette époque, il fallait avoir le feu sacré pour oser faire du magnétisme, et se déclarer partisan de cette doctrine, puisque tous ceux qui s'en occupaient étaient impitoyablement tournés en ridicule. Bien qu'ils aient émis des théories inacceptables et préconisé des procédés peu pratiques, ils n'en ont pas moins bien mérité de l'humanité, puisqu'ils ont été les promoteurs d'une science qui est sûrement appelée à détruire beaucoup d'erreurs et à rendre de grands services.

Toutes les sciences ont commencé par des tâtonnements, par des hypothèses, et elles n'ont progressé que lentement. Que comprenons-nous, par exemple, à un travail d'alchimie, cette chimie du moyen âge ? Peu de chose, presque rien ! Cependant les alchimistes ont été les précurseurs de la chimie moderne. Nous admirons les immenses progrès qu'a réalisés cette science, depuis une cinquantaine d'années, et nul ne peut prévoir ceux qu'elle réalisera encore avant la fin de ce XIXe siècle, déjà si fécond en découvertes de toutes sortes. Eh bien, le magnétisme réserve évidemment bien des surprises à ses adeptes et à ses détracteurs.

Déjà un grand nombre de savants de tous les pays s'occupent d'hypnotisme. En France, nos sommités médicales : Charcot, Burcq, Dumontpallier, Richet et tant d'autres ; en Angleterre, le Dr William Croockes, un des plus célèbres physiciens modernes, inventeur du radiomètre et auteur d'une foule de découvertes précieuses, ne dédaignent pas de se livrer à l'étude de cette question. Parmi les découvertes du docteur anglais, il en est une qui a une grande importance au point de vue du magnétisme, parce qu'elle a, peut-être, quelque rapport avec cette force, c'est celle de la *matière radiante*, ou molécules lumineuses. C'est après avoir fait le vide presque parfait dans un tube de petites dimensions, que Crookes a trouvé une force supérieure à toutes celles connues.

Nous pourrions encore citer un grand nombre de savants étrangers qui s'occupent aujourd'hui d'hypnotisme ; mais, outre qu'une simple énumération ne présenterait qu'un médiocre intérêt, le cadre de cet ouvrage ne nous permet pas d'entrer dans de grands développements. Nous nous proposons, d'ailleurs, d'entreprendre ce travail plus tard et de le faire plus complètement.

Avant de terminer cette digression, il nous paraît nécessaire de dire quelques mots du célèbre professeur Charcot et de sa théorie.

Il y a déjà un bon nombre d'années, le très distingué clinicien de la Salpêtrière fit paraître dans le *Figaro* un article à sensation, dans lequel il annonçait qu'il avait tiré le magnétisme des mains des empiriques, des charlatans. Il prétendait produire tous les phénomènes magnétiques par différents moyens, tels que la lumière électrique, les coups frappés sur un tam-tam, les corps brillants, etc.

M. Charcot faisait ses expériences sur des femmes hystériques, et il cherchait à battre en brèche les théories d'un grand nombre de médecins et de magnétiseurs, qui n'avaient, pourtant, rien de commun avec les charlatans et les empiriques. Selon lui, « ces soi-disant effets magnétiques » ne se produisaient que sur les hystériques, et les personnes hypnotisables étaient *toutes atteintes de névrose*.

Il est profondément regrettable que des hommes d'une telle valeur émettent *à priori* des théories sur des causes qui leur sont inconnues, et dont, au point de vue expérimental, ils n'ont pu observer tous les effets.

De l'avis de beaucoup de médecins et d'expérimentateurs consciencieux et parfaitement autorisés, Charcot se trompait. Le Dr Tony-Dunan le
lui prouva quelques jours plus tard, en réfutant
victorieusement son article. Charcot ne répondit
pas à cette réfutation, peut-être, il est vrai, parce
qu'il ne jugeait pas son contradicteur digne d'une
réponse. Il n'en est pas moins vrai qu'il semble
avoir, depuis, modifié sensiblement ses théories.

Pourquoi avoir un parti-pris dans de pareilles
questions ? Le plus sage est d'attendre avant de se
prononcer sur la valeur de telle ou telle doctrine.
Chaque jour, on découvre de nouveaux phénomènes inexplicables, qui déroutent tout le monde.
De l'aveu même du père du Braidisme, certains
phénomènes obtenus par les Mesmériens n'ont pu
l'être par les nouveaux procédés.

En ce qui nous concerne, et quoique nous n'ap-
partenions à aucune école, nous dirons sincèrement, dans cet ouvrage, à quels résultats nous
sommes arrivé dans l'application des méthodes,
résultats que le lecteur pourra obtenir à son tour,
et qui lui permettront de se prononcer en connaissance de cause.

La nouvelle école délaisse presque entièrement
le *somnambulisme*. Eh bien, voilà un phénomène
qu'il est difficile, sinon impossible d'obtenir avec
les procédés braidistes, et qu'on produit assez fa-

cilement avec la méthode mesmérique. Il est nié par beaucoup (et certes, il n'est pas aisé à comprendre, si on ne l'a pas observé un grand nombre de fois), et, néanmoins c'est un fait.

Dans nos expériences, quand nous n'avons pas en vue le somnambulisme, et que nous voulons produire simplement des effets physiques, nous n'avons pas besoin de faire fixer pendant une demi-heure ou trois quarts d'heurs, un corps hypnotisant. Nous nous bornons à appliquer une main entre les deux omoplates, et nous produisons ainsi, presque instantanément, les phénomènes les plus extraordinaires sans avoir recours au sommeil; bien plus, nous laissons au sujet son entière volonté; il peut résister de toutes ses forces, de toute son énergie et malgré tous ses efforts, il est contraint de succomber, de se soumettre à une force qui lui est supérieure.

M. Charcot soutient qu'on ne peut réussir que sur des névrosés: or, loin de nous adresser de préférance aux femmes et aux sujets débiles, nous choisissons autant que possible les hommes les plus robustes. Qu'en pense M. Charcot? Que pense-t-il aussi des effets que nous avons toujours réussi à produire sur des animaux? Dira-t-il que ces derniers étaient atteints de névrose ?

PROCÉDÉS DE DU POTET

« Du moment qu'on adopte l'hypothèse d'un agent, les procédés doivent avoir pour but unique sa transmission rapide. Les magnétistes ont compliqué ce qui doit être extrêmement simple ; ils ont cherché plutôt dans leur imagination que dans la nature et se sont, de plus en plus, éloignés de celle-ci ; il faut donc y revenir et suivre, autant que possible, les leçons qu'elle nous donne.

« Mon premier soin, je puis dire ma première étude, fut de comparer les méthodes enseignées par tous les auteurs, de varier l'expérimentation, afin d'obtenir des résultats comparatifs, et d'en tirer de justes inductions. Ce fut un travail laborieux et difficile, mais il me donna bientôt une supériorité marqué sur les magnétistes, mes contemporains, en me permettant d'agir là où ils n'obtenaient rien, et de suivre une opération magnétique dans son développement successif. Ma marche étant éclairée, je savais où j'allais, et le magnétisme, dès lors, n'était plus pour moi une chose vague autant qu'incertaine, mais, au contraire, un principe fixe, un levier d'une puissance incommensurable qu'un enfant pouvait cependant faire mouvoir.

« J'étudiai particulièrement les propriétés de

l'agent magnétique, le dégageant lui-même des attributs de convention, car, s'il est le véhicule naturel qui transmet nos idées et nos sentiments, il a un mode d'action qui lui est propre. Je reconnus les erreurs commises, les fausses idées émises, et les phénomènes qu'il m'arrivait de produire avaient dès lors un caractère déterminé et indélébile.

« Voici, sans autre préambule, les procédés qui me sont personnels.

» Lorsque le patient peut s'asseoir, nous le mettons sur un siège, et nous nous plaçons en face de lui sans le toucher. Nous restons debout autant que possible et, lorsque nous nous asseyons, nous tâchons toujours d'être sur un siège un peu plus élevé que le sien, de manière que les mouvements des bras que nous avons à exécuter ne deviennent pas trop fatigants.

» Lorsque le malade est couché, nous nous tenons debout près de son lit et l'engageons à s'approcher de nous le plus possible. Ces conditions remplies, nous nous recueillons un instant et nous considérons le malade avec attention. Lorsque nous jugeons que nous avons la tranquillité, le calme d'esprit désirable, nous portons une de nos mains, les doigts légèrement écartés et sans être tendus ni raides, vers la tête du malade ; puis, suivant à peu près une ligne droite, nous la descendons ainsi jusqu'au bassin et répétant ces mouvements (passes) d'une manière uniforme pendant un quart d'heure environ, en examinant avec soin les phénomènes qui se développent.

» Notre pensée est active, mais n'a encore qu'un but, celui de pénétrer l'ensemble des organes, surtout les régions où gît le mal que nous voulons attaquer et détruire. Quand un bras est fatigué par cet exercice, nous nous servons de l'autre et notre pensée, notre volonté constamment actives, déterminent de plus en plus l'émission d'un fluide que nous supposons partir des centres nerveux et suivre le trajet des conducteurs naturels, les bras et par suite les doigts. Je dis *supposons*, quoique pour nous ce ne soit pas une hypothèse. Notre volonté met bien évidemment en mouvement un fluide d'une subtilité extrême ; il se dirige et descend en suivant la direction des nerfs jusqu'à l'extrémité des mains, franchit la limite de la peau et va frapper les corps sur lesquels on le dirige.

» Lorsque la volonté ne sait pas le régler, il se porte par irradiation d'une partie sur une autre qui lui convient ou l'attracte ; dans le cas contraire, il obéit à la direction qui lui est imprimée et produit ce que vous exigez de lui, quand toutefois ce que vous voulez est dans le domaine du possible.

» Nous considérant donc comme une machine

physique, et agissant en vertu de propriétés que nous possédons, comme nous l'avons dit, nous promenons sur les trois cavités splanchniques, nos membres supérieurs, comme conducteur de l'agent dont le cerveau paraît être le réservoir ou tout au moins le point de départ, en ayant soin que des *actes de volonté* accompagnent nos mouvements.

» Voici une comparaison qui rendra notre pensée plus compréhensible. Lorsqu'on a l'intention de lever un fardeau, on envoie la volonté, la force nécessaire aux extrémités et cette force, ce principe de mouvement obéit, car si elle ne s'y *transportait* point nous ne pourrions ; de même pour magnétiser.

» Les effets dont le développement plus ou moins rapide est le fruit ordinaire de toute magnétisation, apparaissent dès lors en raison de l'énergie, de la volonté, de la force émise, de la durée de l'action et surtout de la *pénétration* de l'agent à travers les tissus humains.

» Nous avons toujours l'intention que les émissions magnétiques soient régulières et jamais nos bras, nos mains ne sont en état de contraction ; ils doivent avoir toute souplesse pour accomplir sans fatigue leur fonction de conducteur de l'agent.

» Si les effets qui résultent ordinairement de cette pratique n'ont pas eu lieu promptement, nous nous reposons un peu, car nous avons remarqué que la machine magnétique humaine ne fournit pas d'une manière continue et selon notre désir ou notre volonté, la puissance que nous exigeons d'elle. Après cinq ou dix minutes de repos, nous recommençons les mouvements de nos mains (passes) comme précédemment pendant un nouveau quart d'heure et nous cessons tout à fait, pendant que le corps du patient est *saturé* du fluide que nous supposons avoir émis. »

Tels sont les procédés qu'employait du Potet dans le traitement des maladies. Voici, maintenant, celui au moyen duquel il obtenait le sommeil magnétique :

Il s'asseyait en face de la personne qu'il voulait endormir. Il mettait une main à la hauteur de la racine du nez du patient, et la descendait lentement jusqu'au sommet de la poitrine; puis il la remontait et continuait ainsi ses passes jusqu'à l'obtention du sommeil. Quand un bras était fatigué, il se servait de l'autre.

Comme on le voit, c'est là une méthode fort simple, et elle permet d'arriver aux plus beaux résultats. Nous avons pourtant renoncé à nous en servir, car elle présente des inconvénients assez sérieux, tels que congestion de la tête, crises violentes, etc., qui empêchent d'aboutir.

Nous avons eu recours à un autre procédé beaucoup plus sûr, qui n'occasionne pas les accidents dont nous venons de parler. On en trouvera la description au chapitre de « Nos procédés ».

SOMNAMBULISME

Vue sans le secours des yeux. — Opinion des auteurs anciens et modernes.

On attribue généralement la découverte du phénomène de la double vue au marquis de Puységur. Or, on commet là une erreur manifeste, puisqu'il était connu des prêtres des religions anciennes. Il n'en est pas moins vrai que nous devons être reconnaissants à Puységur de l'avoir, en quelque sorte, fait renaître et mis à la portée de tous.

Tous ceux qui ont fait du magnétisme ont pu observer cet état extraordinaire, bien propre à troubler les idées de quelques-uns, car il paraît absolument surnaturel, si l'on peut, toutefois, qualifier ainsi tout phénomène qui se produit en dehors des lois connues de la nature. Ce qui est acquis, c'est que la double-vue existe, que tout le monde peut la produire, et qu'elle a été observée par tous ceux qui ont consciencieusement étudié le somnambulisme.

Après avoir été nous-même longtemps sceptique, nous avons dû, enfin, nous rendre à l'évidence, à la suite d'expériences maintes fois répétées. Nous n'avons pas l'intention de tirer de ce phénomène des déductions philosophique pour ou contre l'existence de l'âme. Nous laissons ce soin à de plus autorisés que nous. Nous voulons nous borner à mettre, dans la limite de nos moyens, le lecteur sur la voie de la vérité, et nous engageons ceux qui voudraient étudier plus complètement cette grave question psychologique à consulter les ouvrages du savant anglais, sir Williams Crookes.

Dix années de pratique et d'expérience, presque journalières, nous permettent d'affirmer que la double-vue existe, mais nous devons déclarer qu'il ne suffit pas d'endormir une personne quelconque, pour obtenir, du premier coup, la lucidité.

Nous pensons même qu'on serait particulièrement favorisé si, sur vingt sujets, on en rencontrait un *voyant*, et encore constaterait-on probablement beaucoup d'éclipses dans sa lucidité. C'est là le revers de la médaille. On doit se garder de prendre toujours au pied de la lettre ce qu'un sujet, *même très voyant*, pourra dire, car, à côté de la vérité, il y a de grandes erreurs. Qu'on ne lui demande pas de lire dans l'avenir : le règne des sorciers est passé, et nous sommes douloureusement affecté quand nous voyons des personnes intelligentes venir nous prier de leur dire la bonne aventure.

Nous reconnaissons que dans certains cas exceptionnels, on a obtenu des résultats bien propres à faire croire aux miracles, mais ce n'est pas une raison suffisante pour prendre les somnambules pour des devins infaillibles. La lucidité n'est pas constante, et on doit bien se garder de croire qu'une personne, qui se trouve placée dans cet état, puisse prévoir l'avenir, *sauf dans certaines conditions pathognomoniques.*

Quelques-uns ont pris, sans doute, pour des prédictions ce que toute personne *malade*, mise en état de somnambulisme, a dit sur son état, sur les crises futures, sur l'époque de sa guérison, sur la nature de la médication, etc., mais il est bon de ne pas confondre parce que, dans ces cas, on avait affaire à un simple effet de la double-vue, peut-être même à l'instinct qui avertit le malade de ce qu'il convient qu'il fasse pour guérir. Nul n'ignore que les animaux possèdent cet instinct à un degré très développé, et qu'ils savent, sans avoir appris la botanique, chercher, selon leurs besoins, les plantes purgatives ou dépuratives.

Nous admettons également qu'un sujet mis en contact avec un malade puisse, assez souvent, lui décrire sa maladie, sans, toutefois, employer les termes techniques, et même lui prescrire des remèdes parfaitement appropriés à la maladie. Nous conseillons, pourtant, en ces matières, d'être très circonspect.

Ce que nous croyons pouvoir avancer — et cela en raison de notre longue pratique — c'est, si l'on traite un malade par le magnétisme, et qu'on réussisse à le mettre en état de somnambulisme, de lui demander la marche à suivre, le traitement à employer et le régime à appliquer, car son instinct ne le trompera pas.

Nous avons connu des gens qui cherchaient des trésors; d'autres qui comptaient faire fortune au jeu; d'autres, enfin, qui prétendaient pouvoir tout connaître avec leurs somnambules. Les uns n'ont réussi qu'à se ruiner, et les autres à perdre la tête. Voilà pourquoi il ne faut appliquer le somnambulisme qu'à des buts scientifiques, et, surtout philanthropiques.

Les extraits et citations qui suivent apprendront au lecteur tout ce qu'il est possible, jusqu'ici, de connaître sur le somnambulisme.

Voici, d'abord, les conclusions du rapport de la commission nommée par l'Académie de médecine de Paris, et lu devant cette assemblée par le Dr Husson, les 21 et 28 juin 1831 :

« 1° Le contact des pouces ou des mains, des frictions ou certains gestes que l'on fait à peu de distance du corps, et appelés *passes*, sont les moyens employés pour se mettre en rapport, ou, en d'autres termes, pour transmettre l'action du magnétiseur au magnétisé;

» 2° Les moyens qui sont extérieurs et visibles ne sont pas toujours nécessaires, puisque, dans plusieurs occasions, *la volonté*, la fixité du regard, ont suffi pour produire les phénomènes magnétiques, *même à l'insu des magnétisés;*

» 3° Le magnétisme a agi sur des personnes de sexe et d'âge différents;

» 4° Le temps nécessaire pour transmettre et faire éprouver l'action magnétique a varié depuis une demi-heure jusqu'à une minute ;

» 5° Le magnétisme n'agit pas, en général, sur les personnes bien portantes [1];

» 6° Il n'agit pas non plus sur tous les malades;

» 7° Il se déclare quelquefois, pendant qu'on magnétise, des effets insignifiants et fugaces que nous n'attribuons pas au magnétisme seul, tels qu'un peu d'oppression, de chaleur ou de froid, et quelques autres phénomènes nerveux dont on peut se rendre compte sans l'intervention d'un agent particulier, savoir par l'espérance ou la crainte, la prévention ou l'attente d'une chose inconnue et nouvelle, l'ennui qui résulte de la monotonie des gestes, le silence et le repos observés dans les expériences; enfin, par l'imagination, qui exerce

---

1. C'est là une grave erreur, car comme nous l'avons dit, nous choisissons toujours, pour nos expériences, les personnes les plus robustes,

un si grand empire sur certains esprits et sur certaines organisations;

» 8° Un certain nombre des effets observés nous ont paru dépendre du magnétisme seul, et ne se sont pas reproduits sans lui. Ce sont des phénomènes physiologiques et thérapeutiques bien constatés;

» 9° Les effets réels produits par le magnétisme sont très variés. Il agite les uns, calme les autres. Le plus ordinairement, il cause l'accélération momentanée de la respiration et de la circulation, des mouvements convulsifs, fibrillaires, passagers, ressemblant à des secousses électriques, un engourdissement plus ou moins profond, de l'assoupissement, de la somnolence, et, dans un petit nombre de cas, ce que les magnétiseurs appellent somnambulisme;

» 10° L'existence d'un caractère unique, propre à faire reconnaître, dans tous les cas, la réalité de l'état de somnambulisme n'a pas été constaté;

» 11° Cependant, on peut conclure avec certitude que cet état existe quand il donne lieu au développement des facultés nouvelles qui ont été désignées sous les noms de clairvoyance, d'intuition, de prévision intérieure, ou qu'il produit de grands changements dans l'état physiologique, comme l'insensibilité, un accroissement subit et considérarable des forces, et que cet effet ne peut être rapporté à une autre cause ;

» 12° Comme parmi les effets attribués au somnambulisme, il en est qui peuvent être simulés, le somnambulisme lui-même peut quelquefois être simulé et fournir au charlatanisme des moyens de déception.

» Aussi, dans l'observation de ces phénomènes qui ne se présentent encore que comme des faits isolés qu'on ne peut rattacher à aucune théorie, ce n'est que par l'examen le plus attentif, les précautions les plus sévères, par des épreuves nombreuses et variées, qu'on peut échapper à l'illusion ;

» 13° Le sommeil provoqué avec plus ou moins de promptitude, et établi à un degré plus ou moins profond, est un effet réel, mais non constant, du magnétisme ;

» 14° Il nous est démontré qu'il a été provoqué dans des circonstances où les magnétisés *n'ont pu voir et ont ignoré les moyens employés pour les déterminer* ;

» 15° Lorsqu'on fait tomber une fois une personne dans le sommeil magnétique, on n'a pas toujours besoin de recourir au contact et aux passes pour la magnétiser de nouveau. Le regard du magnétiseur, sa volonté seule, ont sur elle la même influence. On peut non seulement agir sur le magnétisé, mais encore le mettre complètement en *somnambulisme*, et l'en faire sortir à son insu, hors de sa vue, à une certaine distance et au travers des portes ;

» 16° Il s'opère ordinairement des changements plus ou moins remarquables dans les perceptions et les facultés des individus qui tombent en somnambulisme par l'effet du magnétisme.

» A. Quelques-uns, au bruit de conversations confuses, n'entendent que la voix de leur magnétiseur ; plusieurs répondent d'une manière précise aux questions que celui-ci ou que les personnes avec lesquelles on les a mis en rapport leur adressent ; d'autres entretiennent des conversations avec toutes les personnes qui les entourent. Toutefois, il est rare qu'ils entendent ce qui se passe autour d'eux. La plupart du temps, ils sont complètement étrangers au bruit extérieur et inopiné fait à leur oreille, tel que le retentissement de vases de cuivre vivement frappés près d'eux, la chute d'un meuble, etc.

» B. Les yeux sont fermés, les paupières cèdent difficilement aux efforts qu'on fait avec la main pour les ouvrir ; cette opération, qui n'est pas sandouleurs, laisse voir le globe de l'œil convulsé et porté vers le haut et quelquefois vers le bas de l'orbite.

» C. Quelquefois l'odorat est comme anéanti.

On peut leur faire respirer l'acide muriatique ou l'ammoniaque, sans qu'ils en soient incommodés, sans même qu'ils s'en doutent. Le contraire a lieu dans certains cas, et ils sont sensibles aux odeurs.

» D. La plupart des somnambules que nous avons vus étaient complètement insensibles. On a pu leur chatouiller les pieds, les narines et l'angle des yeux par l'approche d'une plume, leur pincer la peau de manière à l'ecchymoser, la piquer sous l'ongle avec des épingles enfoncées à l'improviste et à une assez grande profondeur, sans qu'ils aient temoigné de la douleur, sans qu'ils s'en soient aperçus. Enfin on en a vu une qui a été insensible à une des opérations les plus douloureuses de la chirurgie et dont ni la figure, ni le pouls, ni la res-piration, n'ont dénoté la plus légère émotion ;

» 17° Le magnétisme a la même intensité, il est aussi promptement ressenti à une distance de six pieds que de six pouces, et les phénomènes qu'il développe sont les mêmes dans les deux cas ;

» 18° L'action à distance ne paraît pouvoir s'exer-cer avec succès que sur des individus qui ont été déjà soumis au magnétisme ;

» 19° Nous n'avons pas vu qu'une personne magnétisée, pour la première fois, tombât en som-nambulisme. Ce n'a été quelquefois qu'à la hui-tième ou dixième séance, que le somnambulisme s'est déclaré ;

« 20° Nous avons constamment vu le sommeil ordinaire, qui est le repos des organes des sens, des facultés intellectuelles et des mouvements volontaires, précéder et terminer l'état de somnambulisme ;

» 21° Pendant qu'ils sont en somnambulisme, les magnétisés que nous avons observés conservent l'exercice des facultés qu'ils ont pendant la veille. Leur mémoire paraît même plus fidèle et plus étendue, puisqu'ils se souviennent de ce qui s'est passé pendant tout le temps et toutes les fois qu'ils ont été en somnambulisme ;

» 22° A leur réveil, ils disent avoir oublié totalement toutes les circonstances de l'état de somnambulisme, et ne s'en ressouvenir jamais. Nous ne pouvons avoir, à cet égard, d'autre garantie que leurs déclarations ;

» 23° Les forces musculaires des somnambules sont quelquefois engourdies et paralysées. D'autres fois, les mouvements ne sont que gênés, et les somnambules marchent ou chancellent à la manière des hommes ivres, et sans éviter, quelquefois aussi en évitant, les obstacles qu'ils rencontrent sur leur passage. Il y a des somnambules qui conservent intact l'usage de leurs mouvements ; on en voit même qui sont plus forts et plus agiles que dans l'état de veille ;

» 24° Nous avons vu deux somnambules distinguer, *les yeux fermés*, les objets que l'on a placés devant eux : ils ont désigné, *sans les toucher*, la couleur et la valeur des cartes ; *ils ont lu des mots tracés à la main ou quelques lignes de livres que l'on a ouverts au hasard. Ce phénomène a eu lieu, alors même qu'avec les doigts on fermait exactement l'ouverture des paupières* ;

» 25° Nous avons rencontré chez deux sujets la faculté de prévoir des actes de l'organisme, plus ou moins éloignés, plus ou moins compliqués. L'un d'eux a annoncé plusieurs jours, plusieurs mois d'avance, le jour, l'heure et la minute de l'invasion et du retour d'accès épileptiques. L'autre a indiqué l'époque de sa guérison. Leurs prévisions se sont réalisées avec une exactitude remarquable. Elles ne nous ont paru s'appliquer qu'à des actes ou des lésions organiques ;

» 26° Nous n'avons rencontré qu'une seule somnambule qui ait indiqué les symptômes de la maladie de trois personnes, avec lesquelles on l'avait mise en rapport. Nous avons cependant fait des recherches sur un assez grand nombre ;

» 27° Pour établir, avec quelque justesse, les rapports du magnétisme avec la thérapeutique, il faudrait en avoir observé les effets sur un grand nombre d'individus, et avoir fait longtemps et tous les jours des expériences sur les malades. Cela n'ayant pas eu lieu, la commission a dû se borner à dire ce qu'elle a vu dans un trop petit nombre de cas pour oser se prononcer ;

» 28° Quelques-uns des malades magnétisés n'ont ressenti aucun bien ; d'autres ont éprouvé un soulagement plus ou moins marqué, savoir : l'un, la suspension de douleurs habituelles ; l'autre, le retour des forces ; un troisième, un retard de plusieurs mois dans le retour des accès épileptiques ; et un quatrième, la guérison complète d'une paralysie grave et ancienne ;

» 29° Considéré comme agent de phénomènes physiologiques ou comme moyen thérapeutique, le magnétisme devrait trouver sa place dans le cadre des connaissances médicales, et, par conséquent, les médecins seuls devraient en faire ou surveiller l'emploi, ainsi que cela se pratique dans les pays du Nord ;

» 30° La commission n'a pu vérifier, parce qu'elle n'en a pas eu l'occasion, d'autres facultés que les magnétiseurs avaient annoncé exister chez les somnambules. Mais elle communique des faits assez importants dans son rapport pour qu'elle pense que l'Académie devrait encourager les recherches sur le magnétisme, comme une branche très curieuse de psychologie et d'histoire naturelle ;

« Arrivée au terme de ses travaux, avant de clore ce rapport, la commission s'est demandé si,

dans les précautions qu'elle a multipliées autour
d'elle, pour éviter toute surprise, si, dans le sentiment de constante défiance avec lequel elle a toujours procédé, si dans l'examen des phénomènes
qu'elle a observés, elle a rempli scrupuleusement
son mandat. Quelle autre marche, nous sommes-
nous dit, aurions-nous pu suivre? Quels moyens
plus certains aurions-nous pu prendre? De qu'elle
méfiance plus marquée et plus discrète aurions-
nous pu nous pénétrer? Notre conscience, messieurs, nous a répondu hautement que vous ne pou-
viez rien attendre de nous que nous n'ayons fait.
Ensuite, avons-nous été des observateurs probes,
exacts, fidèles? C'est à vous qui nous connaissez
depuis longues années, c'est à vous qui nous voyez
constamment près de vous, soit dans le monde, soit
dans nos fréquentes assemblées, de répondre à
cette question! Votre réponse, messieurs, nous
l'attendons de la vieille amitié de quelques-uns
d'entre vous et de l'estime de tous.

» Certes, nous n'osons nous flatter de vous faire
partager entièrement notre conviction sur la réalité des phénomènes que nous avons observés, et
que vous n'avez ni vus, ni suivis, ni étudiés avec
et comme nous.

» Nous ne réclamons donc pas de vous un
croyance aveugle à tout ce que nous vous avons
rapporté. Nous concevons qu'une grande partie de

ces faits sont si extraordinaires que vous ne pouvez pas nous l'accorder. Peut-être nous-mêmes oserions-nous vous refuser la nôtre, si, changeant de rôle, vous veniez les annoncer à cette tribune, à nous qui, comme vous aujourd'hui, n'aurions rien vu, rien observé, rien étudié, rien suivi.

» Nous demandons seulement que vous nous jugiez comme nous vous jugerions, c'est-à-dire que vous demeuriez bien convaincus que ni l'amour du merveilleux, ni le désir de la célébrité, ni un intérêt quelconque, ne nous ont guidés dans nos travaux. Nous étions animés par des motifs plus élevés, plus dignes de vous, par l'amour de la science, et par le besoin de justifier les espérances que vous aviez conçues de notre zèle et de notre dévouement. »

Ont signé : « Bourdois de la Motte, président ; Fouquier, Guéneau de Mussy, Guersant, Husson, Itard, J.-J. Leroux, Marc, Thillaye. » MM. Double et Magendie, n'ayant pu assister aux expériences, n'ont pas cru devoir signer le rapport.

Voici, d'autre part, ce que dit le docteur Foissac, dans son mémoire sur le magnétisme animal, adressé à l'Académie de médecine, en vue de décider cette assemblée à s'occuper de l'étude de cette science :

« En passant successivement la main sur la tête, sur la poitrine et sur l'abdomen d'un inconnu, mes somnambules en découvrent aussitôt les maladies, les douleurs et les altérations diverses qu'elles occasionnent ; ils indiquent, en outre, si la cure est possible, facile ou éloignée, et quels moyens doivent être employés pour atteindre ce résultat par la voie la plus prompte et la plus sûre. Dans cet examen, ils ne s'écartent jamais des principes avoués de la saine médecine. Quoique ce soit promettre beaucoup, je n'hésite pas à le faire. Il n'est point de maladie aiguë ou chronique, simple ou compliquée (je n'en excepte aucune de celles qui ont leur siège dans les trois cavités splanchniques) que les somnambules ne puissent découvrir et traiter convenablement.

» Déjà, un grand nombre de fois, j'ai fait une application heureuse du magnétisme animal au traitement de maladies qui, jusque-là, avaient été méconnues ou regardées comme incurables. Je m'en suis aidé, avec le même succès, dans les maladies ordinaires, connues par leurs symptômes, leur marche et leur terminaison, et j'ai toujours observé que les indications fournies par les somnambules étaient pleines de sagacité, de prévision et de certitude. »

De son côté, Deleuze dit :

« En général, le somnambule magnétique saisit des rapports innombrables ; il les saisit avec une extrême rapidité ; il parcourt, en une minute, une série d'idées qui exigerait pour nous plusieurs heures ; le temps semble disparaître ; le somnambule lui-même s'étonne de la variété et de la rapidité de ses perceptions ; il est porté à les attribuer à l'inspiration d'une autre intelligence. Tantôt c'est en lui-même qu'il voit cet être nouveau ; il se considère lui-même en somnambulisme comme une personne différente de lui-même éveillé ; il parle de lui-même à la troisième personne comme de quelqu'un qu'il connaît, qu'il juge, à qui il donne des conseils, à qui il prend plus ou moins d'intérêt. Tantôt il entend une intelligence, une âme qui lui parle, qui lui révèle une partie de ce qu'il veut savoir. »

Voici, enfin, ce qu'écrit un médecin célèbre, Desbois de Rochefort, dans son *Cours de matière médicale* :

« C'est ce somnambulisme, effet extrême du magnétisme animal, qui a permis et qui permet quelques applications utiles au diagnostic et au traitement des maladies. C'est au moyen de ce développement incompréhensible, inexprimable, de la sensibilité générale, que les somnambules magnétiques, non seulement parviennent, sans le secours des sens, à la connaissance des objets qui les environnent et sur lesquels leur attention est dirigée ou se dirige naturellement, mais encore acquièrent la faculté de connaître des objets placés à une certaine distance, ou placés, relativement au somnambule, au delà des corps bien reconnus opaques, et par suite de connaître le jeu et le mouvement de leur propre organisation ou de celle des individus qui leur sont présentés. Les faits les plus positifs, les plus avérés, les plus irrécusables justifient, assurent, garantissent tous ces phénomènes du somnambulisme magnétique, et ont prouvé que dans certaines circonstances la clairvoyance des somnambules pouvait être d'un grand secours pour déterminer le siège et la nature des maladies, surtout celles qui se rangent dans la classe des organiques. »

Plus loin, il dit encore :

« On devrait croire que les facultés intellectuelles du somnambule tombé dans une léthargie absolue, sont aussi inertes et aussi nulles que ses facultés corporelles, il n'en est point ainsi. Il y a pensée, rêves et somnambulisme dans le somnambulisme. Revenu de sa léthargie et placé dans un état de somnambulisme antérieur, le crisiaque raconte tout ce qu'il a ressenti de ravissant et de merveilleux, devant son apparente insensibilité absolue. Ce qui, pour le spectateur, était mort, était pour lui une nouvelle existence, cent fois plus active et plus intense que la vie habituelle. Les mêmes accès se renouvelant, les mêmes visions se renouvellent ; rendu à l'état de simple somnambulisme, la mémoire lui en revient, et elle ne s'efface qu'à son réveil complet, etc., etc. »

Voici, maintenant, en ce qui concerne, en particulier, la vue sans le secours des yeux, ce qu'en ont dit les anciens et les modernes.

Plutarque soutient qu'il ne faut pas s'étonner que l'âme, pouvant saisir ce qui n'est plus, puisse prévoir ce qui n'est pas encore: « L'avenir la touche même davantage, et est plus intéressant pour elle ; elle tend vers le futur et l'embrasse déjà, au lieu qu'elle est séparée du passé, et n'y tient que par le souvenir. Les âmes ont donc cette faculté innée, mais, à la vérité, faible et obscure ; elle n'agit qu'avec difficulté... Cependant, il est des hommes en qui cette faculté se développe tout à coup, soit dans les songes, soit quand le corps se trouve dans une position favorable à l'enthousiasme, et que la partie raisonnable est contemplative, dégagée de l'impression des objets présents qui troublaient son action, applique l'imagination à prévoir l'avenir. »

« Les hommes, dit-il encore, pendant qu'ils veillent, n'ont qu'un monde, lequel est commun à tous, mais, en dormant, chacun a le sien à part. »

Tertullien dit que, pendant le sommeil, il nous est révélé non seulement ce qui tient à l'homme, aux richesses, mais encore ce qui tient aux maladies, aux remèdes, à la guérison.

Aristote s'exprime ainsi : « L'esprit dans l'extase s'élance, va au-devant des causes et des effets, en saisit l'ensemble avec la plus grande rapidité, et le confie à l'imagination pour en tirer le résultat futur. Les mélancoliques, à cause de la véhémence de leur tempérament, sont plus propres à ces opérations conjecturales. »

Hippocrate dit : « Celui qui connaîtrait parfaitement les conjectures qu'il est possible de tirer des songes en recueillerait un grand avantage dans le commerce de la vie . . . . L'âme, pendant le sommeil, remplit toutes les fonctions, tant celles qui lui sont propres que celles du corps. Si donc quelqu'un pouvait saisir avec un jugement sain cet état de l'âme dans le sommeil, celui-là pourrait se flatter d'avoir fait un grand pas dans la science de la sagesse. »

Jamblique dit, au chapitre des songes : « Quand nous sommes parfaitement endormis, nous ne pouvons pas si bien et si distinctement remarquer ce qui se présente en nos communs songes que quand c'est la divinité qui nous les envoie en particulier... Et, de fait, l'âme a double vie, l'une conjointe avec le corps, et l'autre séparable de toute corporéité. Quand nous veillons, nous usons, la plupart du temps, de la vie qui est commune avec le corps, hormis quelquefois que nous venons à être totalement séparés d'icelui ; mais, en dormant, notre esprit peut être délivré des liens corporels qui le détiennent comme en charte privée. »

Jourdain Guibelet rapporte le cas suivant d'une jeune fille hystérique : « ... Dans ses crises, les membres étaient sans mouvement, et quoique la langue et les autres parties qui servent à la formation de la voix ne fussent point empêchées, elle discourait avec tant de jugement et de délicatesse d'esprit, qu'il semblait que sa maladie lui donnât de l'entendement et lui fût plus libérale que la santé.

» On n'a jamais vu raisonner avec tant d'art et discourir avec tant de facilité. On pourrait dire que le corps étant comme mort pendant la violence du mal, l'âme se retirait chez elle et jouissait de tous ses privilèges : les conceptions de l'âme doivent être d'autant plus nettes et plus relevées, qu'elle est plus débarrassée des liens du corps et de la matière. »

Écoutons maintenant Cabarais :

« J'ai vu, dit ce célèbre médecin, des malades dont le goût avait acquis une finesse particulière, qui désiraient et savaient choisir les aliments et même les remèdes qui paraissaient leur être véritablement utiles, avec une sagacité qu'on n'observe, pour l'ordinaire, que chez les animaux...

» On en voit qui sont en état d'apercevoir, dans

le temps de leurs paroxysmes, ou certaines crises qui se préparent, et dont la terminaison prouve, bientôt après, la justesse de leurs sensations, ou d'autres modifications attestées par celles du pouls, ou des signes plus certains encore. . . . . . .

» L'esprit peut continuer ses recherches dans les songes, et il peut être porté, par une certaine suite de raisonnement, à des idées qu'il n'avait pas.

» C'est pour montrer qu'il ne faut pas mesurer la puissance de nos âmes à l'aune ordinaire par laquelle elle ne fait ordinairement rien d'admirable. Si elle n'est pressée, on n'y aperçoit rien que ce qu'elle a puisé des sens, qui est chose commune à toutes. Or, que l'âme puisse être pressée en telle façon qu'elle puisse venir jusqu'à la divination et langage non appris, les exemples en sont fréquents, non pas à toutes sortes de personnes, mais à quelques-unes douées d'une vive imagination qui ès fortes maladies et fièvres chaudes disent des choses à quoy elles n'avoient jamais pensée, prédisent même les choses futures, principalement quand elles sont proches de la mort, et lorsque l'âme, approchant de sa liberté, reçoit des rudes secousses par l'effort des maladies et chaudes vapeurs qui montent au cerveau. »

Le professeur Moreau de La Sarthe reconnaît, dans un article intitulé « Médecine mentale », l'existence de cette étonnante faculté.

Desèze, admet les mêmes phénomènes.

Le docteur Bertrand, dans son traité du « somnambulisme », rapporte un grand nombre d'expériences plus étonnantes et plus convaincantes les unes que les autres ; il assure qu'elles ne pouvaient être simulées. Une foule d'accès convulsifs avaient été annoncés plusieurs jours d'avance par les malades ; ils eurent tous lieu le jour et à l'heure indiqués. Ce médecin assure qu'une somnambule lui annonça quinze jours d'avance un délire de quarante-trois heures qui eut lieu comme elle l'avait prédit. Cette somnambule ne conservait aucun souvenir, au réveil.

Sauvage, dans sa *Nosologie*, rapporte cette observation de Descartes : « Deux jeunes filles hystériques se prédisaient mutuellement d'avance les différentes crises de leurs maladies. »

Il donne cette autre de Cavaliers, qui vivait à Fréjus : « Quatre hydrophobiques qui avaient prédit le jour et même l'heure de leur mort moururent au jour et à l'heure prédits. » Sauvage ajoute qu'il a vu lui-même un sexagenaire prédire le jour de sa mort un mois à l'avance, et il mourut d'une fièvre épial, au jour indiqué.

Le fait suivant, tiré de la *Gazette de Santé*, a été publié dans le *Journal de Paris* du 24 brumaire an IV.

« Les journaux, dit l'auteur de l'article, retentissent, en ce moment, des prodiges d'une femme somnambule de Lyon, qui, les yeux fermés, lit une lettre cachetée, devine la pensée et rend compte des sensations qu'on éprouve. Ce qu'il y a de plus singulier, c'est que cette femme est bien née, et que, soit à raison de son éducation, soit en raison de sa fortune, elle est au-dessus du soupçon de simuler ces étranges scènes. Du reste, les personnages les plus graves, les médecins les plus instruits, des savants estimés de Lyon, paraissent très convaincus de ces prodiges. »

Les ouvrages de Deleuze sont remplis de faits semblables.

Chardel raconte dans son livre intitulé : *Psychologie physiologique*, un grand nombre d'exemples de vue sans le secours des yeux. En voici un pris au hasard :

« La somnambule revenue à elle (elle venait d'avoir une syncope) me demanda de l'eau ; j'allai sur la cheminée prendre une carafe ; elle se trouva vide, je l'emportai pour la remplir dans la salle à manger, où j'avais remarqué une fontaine filtrante ; je tournai le robinet, l'eau ne vint pas ; cependant la fontaine était pleine. J'imaginai qu'il fallait déboucher le robinet, et je me servis d'un rotin que je fendis : l'eau n'arriva pas davantage ; je supposai alors que le conduit aérien du réservoir était obstrué, et, comme il était fort étroit, il fallait de nouveau fendre le rotin pour l'introduire; mais je n'eus pas plus de succès. Je pris enfin le parti de revenir avec ma carafe pleine d'eau non filtrée. Ma somnambule était encore dans l'attitude où je l'avais laissée. Elle m'avait constamment vu, elle avait suivi tous mes mouvements et me les raconta sans omettre une circonstance; cependant il se trouvait entre elle et moi le salon et deux murs, et ma conduite contenait une foule de détails qu'on ne pouvait imaginer. »

Francœur, mathématicien distingué, lut en 1826 à la Société philomatique un mémoire qui contenait des faits de somnambulisme des plus curieux.

Le docteur Despine, alors médécin en chef de l'établissement d'Aix-les-Bains, décrit, dans ses ouvrages, un grand nombre de faits semblables qui lui sont personnels.

Le docteur Delpit, dans un mémoire curieux sur deux affections nerveuses, dit: « L'une des malades lisait et lisait très distinctement, lorsque ses yeux étaient entièrement fermés à la lumière, en promenant ses doigts sur les lettres. Je lui ai fait lire ainsi, soit au grand jour, soit dans l'obscurité la plus profonde, les caractères imprimés, en ouvrant le premier livre qui me tombait sous la main, et, quelquefois, des caractères écrits, en lui remettant des billets que j'avais préparés exprès, avant de me rendre chez elle : était-ce le sens du toucher qui suppléait alors à celui de la vue ? Je l'ignore, mais j'affirme qu'elle lisait très couramment en promenant ses doigts sur les lettres [1] ».

Les docteurs Fouquier et Sbire firent, à l'hôpital de la Charité, à Paris, des expériences de ce genre, et elles furent absolument concluantes. Aussi, ces messieurs, d'expérimentateurs qu'ils étaient, devinrent-ils des magnétiseurs convaincus.

Le baron de Strombeck et les docteurs Schmidt et Marcand, après avoir assisté à des expériences de lucidité et fait toutes les épreuves et contre-épreuves possibles et imaginables, s'inclinèrent devant la vérité et ne craignirent pas de publier leurs observations, en se déclarant fervents partisans du magnétisme.

On trouve, dans les ouvrages du docteur Pétetin, une quantité innombrable de phénomènes absolument identiques.

Voici les réflexions que fait, à ce sujet, le docteur Bertrand : « Si Pételin n'a pas menti, il faut franchement reconnaître que les malades, dont il a consigné l'histoire, avaient la faculté d'acquérir,

---

1. Nous avons fait, tout récemment, au Cercle de la rue des Moulins à Saint-Étienne, des expériences de ce genre sur un jeune avocat de la ville, et cela en présence de plus de cinq cents personnes. Elles ont merveilleusement réussi.

sans le secours des yeux, la connaissance de la forme et de la couleur des corps; et, si les faits qu'il atteste ne sont pas vrais, non seulement il faut qu'il ait menti, lui en particulier, mais on est obligé de faire la même supposition relativement aux parents de ses malades, à leurs amis et aux médecins, d'abord incrédules, et qui ont fini par se déclarer convaincus. Or, je ne crains pas de le dire, le concours d'un aussi grand nombre de témoins choisis parmi des personnes graves, éclairées, et qui n'avaient aucun intérêt à vouloir tromper; ce concours, dis-je, pour attester des faits qui ne seraient que d'insipides mensonges, offrirait le plus singulier phénomène moral: car l'ouvrage de Pétetin renferme l'histoire de sept somnambules qui toutes ont présenté les mêmes phénomènes, et par conséquent, il aurait fallu que ce merveilleux concours, pour une imposture inutile et pleine d'effronterie, se fût sept fois renouvelé, *et cela est impossible à supposer.* »

Le docteur Fillassier rapporte le fait suivant:

« Je pris ma montre avec la plus grande précaution; je l'appliquai, cachée dans la paume de ma main, sur le front de la somnambule; de l'autre main je lui tenais les yeux fermés. — Qu'ai-je dans la main ? — Une montre. — Voyez-y l'heure. — Je ne puis. — Voyez-la. — La grande aiguille est sur six heures et la petite après le sept; il était sept heures et demie. Cette expérience fut répétée avec le même résultat après avoir déplacé les aiguilles. »

Voici une expérience à peu près semblable que fit le célèbre Broussais, chez le docteur Foissac, et à la suite de laquelle cessa son incrédulité.

Après avoir vu lire Paul Villegrand, dont les paupières étaient bien closes, M. Broussais écrivit dans un coin un petit billet ; il appliqua ensuite ses doigts sur les paupières du somnambule, donna le billet à M. Frappart et lui dit de le présenter à Paul Villegrand. Celui-ci lut, sans hésitation, les trois lignes écrites. Le professeur Broussais tint à conserver ce billet, *comme un monument de la victoire remportée sur son incrédulité*.

Le docteur Hamard, dans sa thèse sur le magnétisme, dit :

« Je tins, à la dérobée, une montre près de l'occiput de Juliette, qui était en état de somnambulisme, et je lui demandai : — Qu'est-ce que je vous présente ? — Quelque chose de rond et de plat, blanc d'un côté... C'est une montre. — Quelle heure est-il ? — *Huit heures sept minutes*, ce qui était exact. Cette expérience eut lieu en présence de MM. Julien, avocat ; Briard, Delcroix, Jouane et Berna, médecins. »

Le docteur Godineau, de Rochefort, magnétisa, le 3 mars 1836, un sous-officier du 14° Léger, et il en obtint tous les phénomènes cités plus haut. Ce fait fut attesté par MM. Bouffard, Giral, Derussat, Braud, Brillon, Achermann, Guillardon, Fouquet, Thibault, tous membres du Cercle de Rochefort.

Le *Courrier belge* du 8 juin 1838 contient le récit d'expériences faites, à Verviers, chez MM. Houget et Teston, ingénieurs, sur le fils de M. Houget, par M. Jobard, de Bruxelles, expériences qui furent couronnées de succès.

Le docteur Florent Cunier écrit de Vichy, en septembre 1839, une lettre à un de ses amis, pour lui raconter un certain nombre de faits magnétiques. Il lui fait part, entre autres, du suivant :

« M. Carles, médecin à Carcassonne, magnétisait un enfant atteint de chorée : celui-ci devint somnambule. Un jour, ce médecin, après lui avoir fermé les yeux, lui présenta, à l'épigastre, le tome III du *Journal de médecine et de chirurgie pratiques*. L'enfant lut : « Monsieur Breschet, chirurgien à l'Hôtel-Dieu, avait fait prendre à un malade, etc. »

Le docteur Defer, de Metz, a publié, en 1838, l'histoire d'une somnambule magnétique, qui était insensible aux décharges électriques les plus fortes. Laissons parler ce médecin :

« Elle restait insensible et immobile aux coups de fusil tirés près de son oreille. Quoique ses yeux

fussent recouverts d'une feuille de coton, et, par-
dessus, d'un bandeau plié en plusieurs doubles,
elle jouait aux cartes et aux dominos avec une admirable précision ; on remarqua que lorsqu'elle
était obligée de chercher dans les dominos res-
tants, ce qu'on appelle vulgairement *piocher*, elle
prenait toujours le domino qu'il lui fallait et le
plaçait comme il devait être sans le retourner. »

M. Hobard, de Bruxelles, déjà cité, fit insérer
dans les journaux la proposition suivante : « Que
l'Académie de médecine de Paris envoie à l'Académie de Bruxelles un tube de porcelaine ou de
métal fait d'une seule pièce, et dans lequel on aura
mis un objet quelconque d'une forme déterminée
et dont le nom soit connu. Cet étui sera en outre re-
couvert de cachets ; il me sera remis, et je le ren-
drai intact après avoir désigné ce qu'il renferme. »

M. Ricard, de Bordeaux, fit la même proposition
à l'Académie de médecine ; mais, cette société re-
fusa les expériences que proposaient ces messieurs.

M. Chardel, conseiller à la Cour de Cassation
et ancien député de la Seine, rapporte des faits de
lucidité extraordinaires, qui se sont produits dans
la maison d'un conseiller à la Cour royale.

« Je pourrais, dit M. Chardel, citer plusieurs
autres faits semblables qui me sont personnels. »

Le docteur Paul Gaubert fit insérer dans le *Mo-*

niteur Parisien, du 27 juillet 1839, deux cas de vision de la nature de ceux observés par M. Chardel
et qu'il serait trop long de rapporter en entier.

Le premier cas fut observé par M. Encontre, docteur en médecine et professeur à la faculté théolo-
gique de Montauban, et par les docteurs Roux et
Raynaud.

Le second se passa à Aaran, chez Mercier, et
fut observé par les docteurs Gaubert, de Cloye,
Ropton, de Courtalain et Salis, de Vendôme. Ces
messieurs affirment que toutes les expériences ont
été *plus que concluantes*.

Pour compléter cette énumération de médecins
et de savants qui propagèrent et défendirent le magnétisme, après avoir été eux-mêmes convaincus
de la réalité de ses phénomènes, voici le titre du
procès-verbal que rédigea Mme De Félix de la Mo-
the, membre de l'Académie de Hainaut, après avoir
observé maintes fois et en présence de plusieurs
savants, l'étonnante lucidité de sa fille, Mme Ma-
hauden : ce procès-verbal fut lu en séance académique, et tous les membres de cette assemblée
restèrent, à cette lecture, bouche béante, stupé-
faits.

« *Vue sans le secours des yeux ni du toucher. —
Vue d'un étage à l'autre, au travers des murs. —
Vue et lecture par les doigts. — Connaissance des*

pensées. — Automatisme ou rapports physiologiques des magnétiseurs aux magnétisés. »

Dans un article paru dans le n° 619 de la *Nature*, du 11 avril 1885, et signé par le docteur Henri de Varigny, sont mentionnées des expériences de suggestion mentale, phénomènes ainsi nommés par nos modernes savants, et que les magnétiseurs nommaient et nomment encore « Transmission de pensée ». MM. W.-F. Barrett, professeur de physique au Collège royal d'Irlande, et Balfour Stewart, professeur à Owens College, tous deux hommes de science et d'expérimentation, et assistés de deux ou trois autres jeunes savants, ont fait ces expériences sur plusieurs sujets qui, d'après eux, n'étaient affectés d'aucune névrose. Ces expériences rentrent dans la catégorie de celles que nous venons d'énumérer et ne sont, d'après nous, que du somnambulisme.

Ainsi, on a pu *suggérer* ce qu'on a voulu à des sujets hypnotisés, qui avaient les yeux bandés. Ces mêmes sujets ont pu deviner les objets pensés par les expérimentateurs; tantôt, c'était une paire de ciseaux, une tasse, un morceau de papier; tantôt, une fleur, un meuble, une personne, etc., etc.; ils ont pu aussi deviner la couleur des cartes, un nom quelconque; ils ont reproduit des signes que l'expérimentateur avait tracés sur un tableau noir, et cela avec la plus grande exactitude. On a pu également leur faire exécuter les actes les plus variés.

Il est vrai que toutes les expériences tentées n'ont pas complètement réussi ; cependant, dans une même séance, il y a 26 succès sur 35 épreuves, ce qui prouve suffisamment la réalité du phénomène. D'ailleurs, le lecteur trouvera plus loin les moyens de se convaincre, par lui-même, de l'existence de la double vue.

Il se dégage un fait de ce qui précède : le magnétisme entre dans une nouvelle phase, sous un autre nom, mais le nom ne fait rien à la chose, et c'est toujours la même *force* qui agit.

Il est donc vivement à souhaiter que, désormais, les étudiants en médecine soient tenus de suivre un nouveau cours, celui d'hypnotisme ou de magnétisme animal. N'est-ce pas l'avis des membres du Cercle des étudiants de Paris, devant lesquels nous avons eu l'honneur de faire récemment des expériences ?

MESMÉRISME ET BRAIDISME OU MAGNÉTISME ET HYPNOTISME

Différences de deux systèmes

Le docteur James Braid, de Manchester, après avoir été témoin, en 1841, des expériences de notre compatriote, Charles Lafontaine, voulut prouver que le magnétisme n'existait pas. Il était sceptique, et les expériences de Lafontaine n'avaient réussi qu'à augmenter son scepticisme.

D'après Braid, les phénomènes magnétiques auxquels il avait assisté, lui prouvaient que cette force magnétique n'existait pas, et que ces phénomènes ne pouvaient être attribués qu'à l'innervation ou à l'imagination.

Pourtant, un fait l'avait frappé : il avait remarqué qu'un sujet ne parvenait pas, malgré de grands efforts, à ouvrir les yeux, et il en conclut qu'il y avait là quelque chose de réel, mais que cet effet était sûrement dû à une cause autre que le magnétisme animal.

Pénétré de ces idées, il expérimenta un nouveau procédé, au moyen duquel il obtint des effets et inaugura la « neurypnologie » ou hypnotisme. L'étude de l'effet produit par un corps brillant sur le rayon visuel, l'avait rendu témoin de phénomènes nerveux plus ou moins probants. Alors, dédaignant les travaux d'une foule de savants, il créa une théorie qui renversait toutes celles qu'on avait émises sur la force magnétique et qui réduisait à néant toutes les données recueillies antérieurement.

Bien que les effets qu'il obtenait se rapprochassent considérablement de ceux des magnétiseurs, avec ses idées préconçues, il ne voyait partout que sommeil nerveux, qu'hypnotisme.

Il chercha à prouver que la *volonté* était absolument étrangère à la manifestation de ces phénomènes, et que l'imagination des sujets suffisait à produire tous les effets magnétiques. Or, il avoue, dans son ouvrage, qu'avec sa méthode, il n'a jamais pu produire certains phénomènes qu'obtiennent les magnétiseurs. Il dit encore qu'il a essayé les procédés des mesmériseurs et que ces procédés ne lui ont pas donné d'autres résultats que ceux qu'il a l'habitude d'obtenir avec sa méthode. Cela ne doit pas nous étonner parce que, ayant des idées bien arrêtées, ne croyant pas à la puissance de la volonté, n'ayant pris, sans nul doute, aucune des précautions que recommandent les mesmériseurs, n'employant que superficiellement les procédés magnétiques, la cause de son insuccès doit être attribuée à ses idées, à son parti pris, et non pas à l'inefficacité des procédés que nous employons.

Il rapporte une foule d'expériences que nous sommes loin de contester, mais s'il avait voulu se donner la peine de comparer ses expériences avec celles des magnétiseurs, il aurait reconnu, avec un peu d'impartialité, qu'il existait entre elles une grande différence. En effet, quelques-uns des phénomènes braidistes paraissaient identiques avec un certain nombre de phénomènes mesmériques : ainsi, par exemple, il produisait l'insensibilité, la catalepsie pendant la sommeil qu'il provoquait ; il prétendait aussi réussir plus souvent que les magnétiseurs, et il nous dit qu'il n'arrive à produire des effets que sur un dizième de ses sujets. Or, les magnétiseurs affirment obtenir le sommeil sur un plus grand nombre. Il nous dit également que beaucoup de patients n'éprouvent que des effets partiels ; les mesmériseurs disant la même chose, nous ne voyons pas où M. Braid trouve plus de sujets.

A cette époque (1841) les magnétiseurs employaient des procédés que nous n'employons plus aujourd'hui. Braid ne connaissait que ceux-là ; mais s'il avait connu les nôtres ; s'il avait vu nos expériences, il aurait, bien certainement, modifié ses théories.

Personnellement, nous n'employons pas la fascination pour nos effets ; nous ne demandons pas la *passivité absolue* de nos sujets pour réussir sur un grand nombre d'entre eux, tandis que Braid affirme que, si les sujets ne sont pas passifs, s'ils ne s'y prêtent pas absolument, s'ils ne veulent pas fermement, *de corps et d'esprit* (ce sont ses expressions) les expériences ne réussiront pas, aucun effet ne sera produit. Il lui faut, pour aboutir, la passivité la plus absolue ; à la moindre résistance des sujets, les effets sont nuls.

Eh bien, en ce qui nous concerne, nous n'avons

pas les mêmes exigences envers ceux qui se prêtent à nos expériences. Ils peuvent résister de toutes leurs forces, nous n'en produisons pas moins sur beaucoup un grand nombre de phénomènes remarquables, et cela sans fascination, *uniquement par l'application d'une main entre les deux omoplates et, au besoin, sans aucun contact.*

Nous ne produisons ni le sommeil, ni la plus légère somnolence, nous laissons à nos sujets toute leur volonté, tout leur libre arbitre. Or, malgré cela, beaucoup d'entre eux, en dépit d'efforts inouïs, sont forcés de nous obéir et de faire ce que nous exigeons d'eux.

Il est certain que si Lafontaine avait connu notre manière d'opérer, il aurait fort embarrassé Braid.

Celui-ci, au début de ses expériences, attachait un bouton en métal sur le front du sujet, et lui recommandait de le fixer attentivement ; mais il ne tarda pas à s'apercevoir que son procédé fatiguait beaucoup ceux qui s'y soumettaient. Ces derniers se trouvaient, au bout d'un instant, incapables de continuer à fixer le bouton. Le seul résultat obtenu était une fatigue excessive dans les yeux, accompagnée de maux de tête.

Pour obvier à cet inconvénient, il changea sa méthode et plaça un objet brillant au-dessus du front du sujet à la distance 25 à 45 centimètres de ses yeux, de manière à ce que le sujet fût obligé de faire des efforts assez grands pour fixer l'objet. « Il faut faire entendre au patient, dit Braid, qu'il doit tenir constamment les yeux fixés sur l'objet, et l'esprit uniquement attaché à l'idée de ce seul objet. »

Braid ne trouvait jamais les sujets assez dociles; il fallait vouloir fermement être endormi et s'y prêter jusqu'au point de s'endormir soi-même ; ce procédé se passe de tout commentaire.

Il est certain que, avec cette méthode, lorsque la personne sera entièrement passive, si elle est douée d'une imagination vive, on obtiendra des effets qui auront, dans la forme, l'apparence des effets magnétiques, mais qui, dans le fond, en différeront entièrement.

Lafontaine n'exigeait pas la passivité de ses sujets, et cependant il produisait des phénomènes que Braid ne put jamais réaliser.

Comment les partisans du Braidisme expliqueront-ils les expériences que fit du Potet en 1820, à l'Hôtel-Dieu de Paris, sur la fille Sanson, en présence des docteurs Husson, Récamier, etc. ? Ces expériences démontrent clairement l'existence d'une force soumise à notre volonté.

Du Potet, alors étudiant en médecine, avait somnambulisé cette fille, en traitement dans son service. Il avait fait sur elle des expériences fort curieuses. Les médecins que nous venons de nommer avaient assisté à toutes ces expériences, mais, pour se rendre un compte plus exact des effets que pourrait produire la force magnétique, ou plutôt pour se convaincre de l'existence de celle-ci, ils demandèrent à du Potet s'il était capable d'endormir la malade à son insu. Du Potet répondit affirmativement. Rendez-vous fut pris pour le lendemain.

Voici ce qui avait été arrêté entre ces messieurs. Du Potet serait enfermé dans un cabinet voisin, et, à un signal qu'un médecin devait donner, l'étudiant commencerait la magnétisation. L'épreuve réussit entièrement, et il est bon de noter que la malade ignorait toutes ces dispositions. Bien plus les médecins n'avaient rien négligé pour la distraire et empêcher le phénomène de se produire, mais ils avaient perdu leur peine : le magnétisme avait été plus fort qu'eux.

L'expérience fut renouvelée à plusieurs reprises en variant les heures et les signaux et chaque fois la somnambule fut endormie en quelques-minutes.

On voit que l'imagination n'était pour rien dans la manifestation de ce phénomène.

Il nous serait facile de citer d'autres expériences de du Potet, mais nous en avons, à notre actif, de tout aussi concluantes que les siennes, et qui ont sur celles-ci l'avantage d'avoir été faites plus récemment et en public. Tout ceux qui ont assisté aux séances que nous avons données à Paris, en province et à l'étranger, nous ont vu endormir, subitement, par la simple application de notre main sur l'épine dorsale, des personnes qui luttaient de toutes leurs forces contre notre influence. Ils savent aussi que quand nous engagions des spectateurs à essayer d'éveiller ces sujets improvisés, par les procédés préconisés par Braid, ils n'y réussissaient presque jamais, alors qu'il suffisait de notre volonté pour arriver à ce résultat, instantanément, et sans même nous approcher des personnes endormies.

En ce qui concerne l'agent magnétique voici des faits, qui démontrent nettement son existence :

A Avignon, nous avions mis en état de somnanbulisme un certain L..., employé chez un industriel de la rue des Marchands. Nous n'avions pas eu de peine à reconnaître en lui un sujet remarquable.

Or, un jour, l'idée nous vint d'essayer sur lui, à distance, les expériences de du Potet. Plusieurs officiers de la garnison se trouvaient précisément réunis chez nous, rue Saint-Agricol, et la distance qui nous séparait de L... était d'environ trois cents mètres. Quelques-uns de ces officiers venaient d'être fixés sur l'existence du magnétisme par des expériences que nous avions faites sur eux. La conversation roulait sur ce sujet, quand un de ces messieurs nous demanda si l'on pouvait endormir une personne à distance. Nous répondîmes que nous croyions la chose possible, mais que nous ne l'avions jamais essayée. L'occasion nous parut favorable pour tenter l'épreuve et nous engageâmes deux de nos hôtes à se rendre chez L..., à l'entretenir d'une affaire quelconque, tandis que nous essayerions de l'endormir à une heure indiquée. Le moment venu (nos montres ayant été préalablement réglées) nous commençâmes l'opération qui réussit à merveille. Nous insistons sur ce fait que plusieurs personnes étaient restées auprès de nous pour nous surveiller.

Nous avons renouvelé plusieurs fois cette expérience, toujours avec le même succès.

Dans un village du département de Vaucluse, pendant que nous magnétisions une dame, sa cuisinière que nous avions somnambulisée à diverses reprises, s'endormit, nous pourrions dire sur le rôti, car c'est l'odeur *sui generis* de la viande brûlée qui nous amena à constater le fait; or, ladite cuisinière ignorait ce qui se passait dans le salon, et, de plus, elle avait fort à faire, car ses maîtres donnaient précisément, ce jour-là, un grand dîner.

Dans une séance publique que nous donnions dans l'un des cercles d'Avignon, il se produisit un incident curieux, qui vaut la peine d'être mentionné.

Parmi les personnes qui s'étaient présentées pour nous servir de sujet, se trouvait un jeune lycéen de 15 à 16 ans, qui s'endormit après quelques instants de magnétisation. Comme nous le trouvions d'une sensibilité exagérée, nous résolûmes de le réveiller aussitôt. Mais, au même moment, notre attention fut attirée sur un point de la salle où une jeune fille venait de s'endormir. Quelques secondes nous suffirent pour la dégager. Or, pendant ce temps, le lycéen s'était, de nouveau, endormi. Nous courûmes à lui et le trouvâmes, cette fois, en état de catalepsie complète, dont il nous fut un peu difficile de le tirer. Nous croyions l'incident terminé, quand on vint nous dire que la demoiselle s'était encore endormie. Cette jeune fille, dégagée pour la seconde fois, le lycéen retomba dans le sommeil. La scène se prolongea ainsi, la jeune fille s'endormant quand nous réveillions le jeune homme et réciproquement, jusqu'au moment où nous prîmes la détermination de les faire sortir l'un et l'autre de la salle. Ces deux jeunes gens se magnétisaient par irradiation, en dehors de notre volonté.

La meilleure preuve que nous puissions donner de l'existence de l'agent magnétique, c'est d'engager le lecteur à expérimenter lui-même et ses doutes sur la force magnétiques disparaîtront rapidement; nous l'engageons aussi à lire les ouvrages de Louis Jacoliot, et lorsqu'il aura lu ce que ce voyageur rapporte des Fakirs de l'Inde; lorsqu'il saura que ces Fakirs influencent non seulement les êtres humains, mais aussi les animaux; lorsqu'il apprendra, chose plus extraordinaire, que les corps inanimés obéissent à la volonté de ces hommes, il sera bien forcé alors d'admettre l'existence d'une force fluidique, immatérielle, soumise à notre volonté, car il n'y a pas d'effet sans cause.

M. Jacoliot n'est pas magnétiseur, il ne doit donc pas être suspect, on ne peut le prendre pour un enthousiaste, à moins qu'on ne le prenne pour un visionnaire, pour un rêveur.

Ces mêmes Fakirs, dont Jacoliot rapporte les phénomènes extraordinaires, connaissaient bien avant Braid les procédés hypnotiques. Braid a donc inventé une chose qui existait des millions d'années avant lui. Il est possible aussi, comme il le dit lui-même, qu'il ignorât les procédés qu'emploient les Fakirs pour se mettre dans cet état particulier qu'il nomme sommeil nerveux.

Cet aveu a lieu de nous étonner beaucoup, parce que le docteur Braid n'était pas le premier venu; il avait des connaissances très étendues : on ne peut avoir aucun doute à cet égard, lorsqu'on a lu son

livre « La Neurypnologie »; il était non seulement un savant médecin, mais encore un érudit et
un littérateur distingué.

Braid n'a jamais pu, ni avec sa méthode, ni
avec les procédés des mesmériens, obtenir le phénomène de la double vue. Cela provient, évidemment, de ce qu'il n'a jamais expérimenté sérieusement, car, dans le cas contraire, il aurait sûrement
produit ce phénomène qu'obtiennent tous les magnétiseurs, puisque chacun possède la force magnétique.

Les mesmériseurs ne produisent pas, à leur gré,
le somnambulisme, et encore moins la double
vue; ce dernier phénomène se rencontre rarement. Comment donc aller compter le produire si
l'on n'expérimente que superficiellement, et avec
la conviction absolue que ce phénomène est irréa-
lisable! Ce n'est pas après deux ou trois tentatives
qu'on peut se prononcer en connaissance de cause.

Si l'hypnotisme était supérieur au magnétisme,
comme le prétendait Braid, il aurait produit des
effets plus marquants; or, le médecin anglais n'a
jamais pu obtenir le somnambulisme, phénomène
que le magnétiseur le plus novice obtient à volonté.

Il y a dans la « Neurypnologie » des faits parfaitement admissibles, et qui ont une certaine ana
logie avec ceux du magnétisme. Braid cherche à

démontrer, par une foule d'exemples, la puissance curative de l'hypnotisme. Loin de contester les guérisons qu'il rapporte, nous les considérons comme absolument fondées, car nous avons, sous ce rapport, obtenu des effets concluants avec sa méthode. Oui, mais, pour réussir, avec son procédé, à soulager un malade, il faut pouvoir l'influencer, le mettre en état de sommeil ou, tout au moins, de somnolence et, suivant son procédé, activer la circulation, augmenter la vitalité dans les parties affectées.

Pour cela, il faut, par exemple, paralyser une partie du corps, et la circulation s'activant dans la partie libre, non paralysée, augmentera ainsi la vitalité de cette partie.

Cela est parfait en théorie, mais, en pratique, c'est différent. Il n'y aura donc que les personnes sensibles à l'hypnotisme qui pourront être soulagées ou guéries et, comme nous savons que trois personnes sur dix seulement sont susceptibles d'être endormies, il y en aura sept qui ne pourront être ni soulagées, ni guéries.

Avec le magnétisme nous n'avons pas cet inconvénient. Nous n'avons pas besoin d'endormir le malade pour le soulager ou pour le guérir; nous guérissons aussi bien les malades réfractaires, ou du moins paraissant tels, que ceux qui sont très sensibles et, sans ressentir le plus léger effet physique, le malade, s'il est curable, peut guérir.

On nous objectera, peut-être, que l'imagination des malades peut produire la guérison? Voici notre réponse ; nous avons soigné et rendu à la santé des enfants à la mamelle ; nous avons guéri des animaux, rendu la vigueur à des plantes qui s'étiolaient. A ceux qui doutent de la réalité de ces faits, nous ne pouvons que conseiller d'essayer, et ils verront si cela est possible. Or, peut-on attribuer ces sortes de guérisons à l'imagination? Comment aurait agi l'hypnotisme dans les cas que nous venons de citer ?

Certes, pas plus que Braid, nous n'entendons donner le magnétisme comme une panacée universelle, et, pourtant, nous avons guéri bon nombre de malades abandonnés par la science ; nous avons soigné, depuis dix ans, toute sorte de maladies, et notre expérience nous autorise à dire que, si le magnétisme ne guérit pas tous les malades, il peut, lorsqu'il est employé avec discernement, guérir la plupart des maladies, et qu'il n'est pas nécessaire pour cela que le malade ait un tempérament impressionable.

Nos idées, au sujet de la force magnétique, sont partagées par tous ceux qui se sont occupés du magnétisme et par tous ceux aussi qui ont assisté à nos expériences.

Beaucoup de savants ont étudié le magnétisme

et, si quelques-uns, à cause de leur renommée et de leur autorité, ont voulu faire prédominer leurs théories, ce n'est pas une raison suffisante pour admettre, d'emblée et sans contrôle, ces théories plus ou moins vraies. Les savants, comme le commun des mortels, sont sujets à l'erreur ; la somme de leurs connaissances ne les rend point infaillibles. Ne savons-nous pas, d'ailleurs, comment ont été accueillies toutes les découvertes ? Il n'y aurait donc rien de bien extraordinaire à ce que Braid se fût trompé.

Nous tenons à dire encore, en terminant ce chapitre, que notre livre n'est pas écrit pour quelques-uns seulement ; il s'adresse à tous sans exception ; nous n'avons point l'intention de créer une théorie nouvelle ; nous émettons simplement et sincèrement nos idées. Nous jugeons tout le monde apte à comprendre et à expérimenter ; chacun certainement ne sera pas apte au même degré à juger les faits. Le magnétisme est du domaine de la physique, mais ses phénomènes appartiennent à la physiologie. Nous savons fort bien que les médecins qui ont fait des études spéciales seront toujours plus experts en cette matière ; malheureusement, ils ne sont pas toujours impartiaux ; mais ces messieurs n'ont cependant pas le monopole exclusif de la science et de l'intelligence. Il suffit d'un peu d'attention, à celui qui possède tant soit peu le sens d'observation, pour reconnaître et juger les phénomènes du magnétisme.

Gardons-nous d'être enthousiastes ; jugeons froidement les choses ; n'ayons point de parti pris, car il nous serait alors impossible de juger sainement ; expérimentons patiemment, avec persévérance, et nous arriverons ainsi aux plus beaux résultats.

LES CONVULSIONNAIRES

Ce chapitre a pour but de préparer le lecteur aux phénomènes bizarres, extraordinaires, effrayants même, à l'occasion, qui se présentent au cours d'une opération hypnotique, et de le rendre inaccessible à la crainte. Laissant de côté les autres convulsionnaires de tous les temps et de tous les pays, nous raconterons brièvement les principaux faits qui se passèrent au XVIII⁰ siècle et qui prirent naissance au tombeau du diacre Pâris, au cimetière Saint-Médard.

Il nous paraît exister entre ces phénomènes, appelés par les médecins de l'époque « épidémie nerveuse » et ceux produits par l'argent nerveux, une grande analogie. N'ayant pas l'intention de refaire l'histoire des « Convulsionnaires de Saint-Médard » nous conseillons à ceux qui voudraient être complètement édifiés, de consulter les ouvrages de Montgeron, qui contrôla personnellement les faits, et le livre d'Hippolyte Blanc intitulé *Le Merveilleux*. Ces deux écrivains entrent dans les détails les plus minutieux des faits que nous allons analyser.

Pâris était fils d'un conseiller au Parlement. Il affecta, toute sa vie, une grande piété et une profonde humilité. Il était d'une austérité extraordinaire et, Janséniste dans l'âme, il aimait beaucoup les pauvres qu'il instruisait et soignait, aussi était-il de leur part l'objet d'une grande vénération.

Pâris étant mort le 1ᵉʳ mai 1727, sa tombe devint le rendez-vous de tous les malheureux qu'il avait secourus. On y fit des neuvaines, et bientôt le bruit se répandit qu'il s'y opérait des miracles.

La guérison d'un nommé Léro ouvrit la marche, et, dès qu'on en eut connaissance, une foule de malades envahit le cimetière.

D'autres « saints » jansénistes eurent aussi la réputation de faire des miracles. Les jansénistes se les approprièrent et cherchèrent à les exploiter; mais ce qui donna encore plus de réputation au tombeau de Pâris, ce furent les convulsions qui s'y déclarèrent.

Le 12 juillet 1731, Aimée Pivert en fut atteinte; une sourde-muette de Versailles le fut pour la première fois le 16 août ; l'abbé de Bescheranden en fut pris dans le courant du même mois.

A partir de ce moment, le nombre des convulsionnaires augmenta rapidement, et trois ou quatre mois après, on en comptait plus d'un millier.

Voyant l'importance que prenaient les convulsions, l'archevêque de Paris défendit aux fidèles de se réunir à Saint-Médard et de faire dire des messes en l'honneur du diacre ; cette défense n'empêcha nullement la foule d'accourir au tombeau de Pâris, soit pour convulsionner, soit pour voir convulsionner (expression dont ont se servait à l'époque).

Les gens du peuple n'étaient pas les seuls à se rendre à Saint-Médard : des gentilshommes, des courtisans et même des princes du sang ne dédaignaient pas, pour satisfaire leur curiosité, de se mêler à la foule.

Le cimetière et toutes les rues adjacentes étaient pleines de convulsionnaires qui criaient, sifflaient, hurlaient, miaulaient, aboyaient, se roulaient et se débattaient par terre dans d'horribles convulsions.

Des femmes, jeunes et vieilles, marchaient, pendant leurs crises, la tête en bas, se roulaient dans la rue, sans aucun sentiment de pudeur et demandaient des secours aux passants. Ces secours consistaient en coups de pied, de poing ou de bâton ;

les personnes atteintes de convulsions ne pouvaient être soulagées qu'autant qu'on les rouait de coups.

Montgeron nous dit que quatre cents hommes étaient occupés, sans relâche, à donner des secours meurtriers à cinq ou six cents jeunes filles. Il n'est donc pas étonnant que le libertinage n'ait pas tardé à faire des siennes dans les rangs des convulsionnaires. On s'aperçut, un beau jour, que plusieurs jeunes filles convulsionnaires étaient enceintes.

Des mères de famille fanatiques n'hésitèrent pas à livrer leurs filles à la débauche, et cela pour la plus grande gloire de Dieu.

Mais le gouvernement finit par s'émouvoir et, pour mettre un terme à toutes ces turpitudes, il ordonna la fermeture du cimetière (janvier 1732). Cette mesure inspira à un farceur l'idée d'écrire ces deux vers sur la porte de Saint-Médard :

> « De par le roy, défense à Dieu,
> De faire miracle en ce lieu ».

Ne pouvant plus aller convulsionner à Saint-Médard, les Jansénistes enlevèrent de la terre de la tombe de Pâris, et firent courir le bruit qu'elle faisait des miracles. Bientôt cette terre fut colportée dans tout le pays, et, d'après les historiens « les convulsions naissaient à son contact ». On en mettait dans les tisanes et dans les aliments des malades.

Les convulsions éclatèrent dans plusieurs villes de province, notamment à Troyes, à Corbeil, à Montpellier, etc...

Toutes les classes de la société fournirent leur contingent de fanatiques. Des dames du grand monde, sous le nom de « Dames de la Grâce », propagèrent les convulsions.

Malgré l'arrestation, par la police, de quelques centaines de fanatiques, le nombre des convulsionnaires augmentait toujours.

Il se forma parmi eux plusieurs sectes : les Augustiniens, les Élisiens, les Vaillantistes, les Figuristes, les Mélangistes, les Discernants, les Margoulistes, etc., etc.

Il y eut aussi les grands et les petits secours, que les femmes et les filles ne demandaient qu'aux hommes. Les convulsionnaires se donnaient le nom de frère et de sœur ; ceux qui administraient les secours étaient appelés *frères secoureurs*.

La police les traquait toujours et en arrêtait de temps en temps. Se voyant ainsi poursuivis, ils se réunirent chez de grands personnages, qui participaient à l'œuvre des convulsions.

Les convulsions et leurs phénomènes

Les convulsions se communiquaient par le contact des reliques des saints jansénistes, ou par celui de la terre dont nous avons parlé ; il suffisait aussi de toucher ou de voir des convulsionnaires pour le devenir soi-même : des enfants en bas âge, des vieillards, ceux qui demandaient leur guérison à Pâris, aussi bien que les oisifs, les curieux, les sceptiques, les anti-convulsionnaires, furent pris de convulsions.

. Des gens de toutes les conditions : des riches, des pauvres, des savants, des ignorants, des ecclésiastiques, des marchands, etc., étaient atteints par cette maladie ; mais, c'était dans la classe pauvre, sur les jeunes gens et principalement sur les jeunes filles que les convulsions avaient le plus de prise.

Les crises variaient avec les tempéraments ; les uns entraient dans une sorte d'extase ou *ravissement d'esprit ;* pendant l'accès, leur visage se transformait immédiatement ; des personnes laides se transfiguraient et devenaient belles ; leurs yeux étaient grands ouverts et ardemment fixés sur un objet invisible ; tant que durait l'extase, et quoi qu'on fît pour cela, il était impossible de leur fermer les yeux. Pendant l'état extatique, il était fort difficile de reconnaître ces personnes, tellement leurs traits étaient changés ; c'est dans cet état qu'elles parlaient plusieurs langues, qu'elles faisaient leurs plus beaux discours.

D'autres tombaient dans un état simulant la mort, et, pendant tout le temps que durait la crise (elle durait parfois deux ou trois jours), l'âme de ces extatiques paraissait absorbée par des visions ; leur corps était raide et insensible, leur visage très pâle, leurs yeux ouverts et d'une immobilité cadavérique et, pour tout signe de vie, on ne remarquait qu'une respiration extrêmement faible, à peine sensible.

La léthargie de certains autres convulsionnaires était moins profonde, cependant on pouvait les piquer, entailler leur chair sans qu'ils éprouvassent la moindre douleur, tout en conservant, dans cet état, l'usage de quelques-uns de leurs sens.

Des gens âgés, d'un caractère grave, étaient obligés d'obéir à cette force qui les contraignait à simuler d'être tombés en enfance : leur visage se déridait et prenait un air enfantin ; ils s'exprimaient comme les enfants ; ils énonçaient timidement et innocemment leurs idées ; ils prenaient les gestes, l'attitude et la manière d'agir des enfants. Qnelquefois, malgré ce langage enfantin, ils disaient de grandes et belles choses. Des sceptiques furent confondus par eux ; ils dirent à plusieurs

leurs plus secrètes pensées et ils firent des prédictions étonnantes et d'un caractère particulier.

Parmi les-convulsionnaires, on voyait des personnes ignorantes, d'un esprit faible, des enfants
même, prononcer des discours sublimes, d'une
grande profondeur et dans un style parfait; chose
curieuse, ils ne savaient ce qu'ils faisaient et
ignoraient absolument ce qu'ils disaient, et c'était
par force qu'ils prononçaient ces discours remplis
de passages de l'Écriture sainte; eux-mêmes n'en
avaient connaissance qu'à mesure qu'ils parlaient :
ressemblance frappante avec les inspirés des Cévennes de 1700.

Le célèbre convulsionnaire Fontaine pronon-
çait, malgré lui, tous ses discours : il sentait fort
bien qu'une puissance supérieure à la sienne re-
muait sa bouche, et formait ses paroles, sans que
sa volonté y fût pour rien.

Les jansénistes prétendaient posséder le don de
prédiction, mais ce don leur fit défaut. Presque
tous les convulsionnaires annonçaient la venue du
prophète Élie ; ce n'était là qu'une réminiscence,
un effet de leur imagination, le résultat de leur
éducation. Ils n'en étaient pas moins tous d'accord
sur ce point, et des convulsionnaires qui ne s'é-
taient jamais vus, qui n'habitaient pas les mêmes
villes, prédisaient la venue d'Élie. Mais, si le don
de prédiction leur fit défaut, il n'en fut pas de même

de celui de la révélation et des langues. Voici ce que dit Montgeron, à ce sujet :

« Les adversaires des convulsions ont avoué et attesté que plusieurs convulsionnaires parlent des langues inconnues et étrangères, et que, sans doute, ils en comprennent le sens, qu'ils dévoilent des choses cachées, même les secrets du cœur. »

Sur ce dernier point, les auteurs les plus hostiles aux convulsions ont confirmé le fait avancé par Montgeron, et comme ils ne pouvaient pas l'expliquer, ils l'ont attribué à Satan.

Cela n'a pas lieu de nous surprendre beaucoup, car, encore de nos jours, ils sont nombreux ceux qui attribuent les effets magnétiques à l'influence du diable. En voici une preuve : dernièrement, nous donnions, dans un petit séminaire, une séance à laquelle assistait presque tout le clergé de la localité. Nous avions donné, dans la même ville, des leçons à quelques médecins. Après la séance au séminaire, l'un d'eux, le docteur R..., eut l'occasion d'en causer avec un prêtre qui avait suivi très attentivement nos expériences. Comme il avait déclaré au docteur que les phénomènes obtenus par nous étaient surprenants, son interlocuteur lui demanda à quoi il les attribuait : — Mais, au démon, évidemment, répondit-il avec conviction.

Les convulsionnaires possédaient également le

don de guérir les maladies, mais ils mettaient en pratique des procédés qu'il nous répugnerait fort d'employer. Ils guérissaient par l'imposition des mains, mais plus souvent par la succion. Plusieurs se guérissent eux-mêmes d'affections réputées incurables, et leur fanatisme était tel, qu'ils ne craignaient pas de faire les choses les plus répugnantes et les plus dangereuses.

On voyait ces thaumaturges lécher des plaies affreuses, pleines de pus, jusqu'à ce qu'elles fussent complètement nettoyées. Ils avalaient ainsi toute la pustule, sans manifester le moindre dégoût, et sans en être aucunement incommodés. Bien plus, soit fanatisme, soit forfanterie, ils lavaient les linges ayant servi de compresses pour ces plaies, et buvaient ensuite l'eau contaminée. Ils réussissaient, néanmoins, avec ces procédés inqualifiables, à guérir beaucoup de malades. Des centaines de convulsionnaires s'imposaient, en vue de gagner le ciel, des pénitences inouïes. Des femmes poussaient le jeûne jusqu'à ses dernières limites, sans en éprouver la moindre diminution de forces. On cite le cas d'une convulsionnaire qui, pendant le Carême et l'Avent, ne mangeait que le samedi et le dimanche : ce jeûne dura plusieurs années. Une autre, pendant tout le carême se contentait d'un panais cru par jour. D'autres, enfin, restèrent pendant neuf et onze jours sans boire ni manger.

Malgré cette abstinence, la santé de ces précurseurs de Merlatti n'était nullement atteinte ; ils semblaient être, au contraire, plus frais et plus forts qu'auparavant, et aucun de leurs organes n'avait subi la moindre altération. Ils ignoraient, pour la plupart, ce qu'ils faisaient : c'était, pour eux, un jeûne *forcé*. Un être, invisible pour d'autres yeux que pour les leurs, leur ordonnait de faire un jeûne de huit jours, par exemple, et aussitôt ils se trouvaient dans l'impossibilité d'avaler la moin_ dre nourriture, pendant ce laps de temps. S'ils portaient un aliment quelconque à leur bouche, celle-ci restait fermée, et, malgré les plus grands efforts, ils ne parvenaient pas à l'ouvrir ; si, pourtant, par le plus grand des hasards, ils réussissaient à y introduire quelque chose, ils étaient incapables de l'avaler. Cet état durait jusqu'au jour fixé.

Les pénitences que s'imposaient les convulsionnaires variaient beaucoup. C'est ainsi qu'une Juive, du nom de Gabrielle Molen, s'astreignit, pendant plusieurs hivers, à passer une partie des nuits couchée dans une fosse remplie d'eau à moitié gelée.

Certaines convulsionnaires lisaient, les yeux fermés et bandés [1]. La fille Denise Régné avalait impunément jusqu'à vingt morceaux de charbon

1. Dom Lataste, T. II, p. 856.

ardent par jour [1]. Quelques femmes célébraient la messe ; d'autres confessaient ; il y en avait une surnommée l'invincible, qui chantait les louanges de Dieu, en faisant des culbutes.

Secours qu'on donnait aux convulsionnaires

D'après Montgeron, l'origine des secours qu'on donnait aux convulsionnaires serait celle-ci :

Dieu, voyant que l'Église romaine était corrompue, et voulant la ramener à la pureté des premiers temps, et pour édifier les peuples, aurait rendu insensibles et invulnérables les corps des convulsionnaires.

Cette explication ne peut pas satisfaire tout le monde, et nous devons voir plutôt dans ces cas bizarres une sorte d'épidémie nerveuse, qui se propageait par imitation. D'ailleurs, ne constatons-nous pas chez les hystériques des phénomènes presque identiques ? Il est vrai que la cause de ces phénomènes nous échappe, et toutes les théories des savants ne nous ont encore apporté rien de bien probant ; nous sommes donc obligés, si nous ne voulons pas porter un jugement prématuré, un jugement faux, d'observer tous ces faits et d'attendre, pour pouvoir nous prononcer, une plus grande quantité de preuves. Peut-être arrivera-

1. Montgeron, t. III, p. 46, et J. de Barbier, mars 1733.

t-on bientôt à pouvoir expliquer ces phénomènes, à trouver leur cause et celle d'une foule d'autres phénomènes de la nature, auxquels nous sommes habitués et dont l'origine échappe encore à nos savants.

Rassurons-nous donc et sachons attendre : la science a fait de si grands progrès depuis un demi-siècle qu'il ne serait pas impossible qu'elle trouvât enfin les causes que l'on cherche depuis si long-temps.

Nous avons dit qu'on administrait aux convulsionnaires les petits et les grands secours. Les petits secours consistaient en coups de poing, coups de pied, en légers coups de bûche, en piéti-nements, en pression, en tiraillements, etc. Ensuite venaient les grands secours ou secours meurtriers. Le passage suivant de Montgeron, va nous en donner une idée :

« Un grand nombre d'enfants et surtout une troupe de jeunes filles de l'âge de douze jusqu'à vingt-cinq ans, la plupart infirmes..... demandent avec les plus vives instances qu'on les frappe vio-lemment sur le sein, sur l'estomac, sur les côtes, sur le dos, sur les hanches et quelquefois même sur la tête, avec des instruments aussi durs et aussi pesants que le sont des marteaux, des chenêts et des pilons de fer du poids de trente, quarante, cin-quante et soixante livres ; des pierres du poids de vingt et trente livres ; des bûches de chêne d'une pareille pesanteur. D'autres prient qu'on leur tiraille les mamelles avec des pelles coupantes appliquées au-dessus et au-dessous, et de fortes et larges tenailles de fer dont les pinces saisissent le sein, le pressent et le tordent avec un tel effort que quelquefois leurs branches en sont faussées. D'autres fois elles prient qu'on leur donne à bras raccourci sur l'estomac des coups d'épées fort pointues. Souvent elles se font appliquer avec force la pointe de ces épées sur la gorge, sur les joues et sur les yeux. D'autre part, des hommes forts et vigoureux précipitent sur ces tendres corps ces énormes instruments, avec une violence capable de briser, de mettre en pièces les corps les plus durs. »

Les convulsionnaires variaient, suivant leurs caprices, les genres de secours. Montgeron rapporte qu'une jeune fille, pendant ses crises, avait la tête si dure qu'elle ébranlait les murs sur lesquels sa tête frappait ; elle brisa même, un jour, un table de marbre, sans se faire la moindre meurtrissure [1].

Une autre, surnommée la Salamandre, était si insensible à l'action du feu, qu'on pouvait faire cuire des pommes et durcir des œufs, en les lui attachant au cou.

1. Dom Lataste, t. II, p. 869.

Certaines crisiaques ne pouvaient être soulagées, pendant leurs accès, que par une énorme pression exercée sur elles. Voici comment se faisait cette opération :

La patiente se couchait sur le parquet ; on plaçait sur son corps une grosse planche sur laquelle montaient, quelquefois, jusqu'à vingt personnes. Cette malheureuse n'éprouvait aucune oppression, souvent même, ce lourd fardeau ne pouvait faire cesser le gonflement de ses muscles.

Eh bien, malgré de semblables secours, il y avait des convulsionnaires qu'on ne parvenait pas à soulager. C'est ce qui décida le célèbre Labarre à imaginer le *tourniquet*.

Il est impossible de ne pas éprouver un frisson au récit des autres épreuves terribles auxquelles se soumettait encore *la Salamandre*. Elle se plaçait en arc de cercle au milieu de la salle ; on lui mettait, alors, un bâton sous les reins, et, dans cette position, elle criait : « biscuit ! » Ce biscuit était une pierre de cinquante livres environ, attachée à une corde passée sur une poulie fixée au plafond. On élevait cette pierre jusqu'à la poulie, et on la laissait retomber un grand nombre de fois sur la poitrine de cette fille. Elle ne ressentait aucune douleur et sa peau ne présentait aucune trace de meurtrissure, ni la plus légère ecchymose ; elle éprouvait sans doute du plaisir, pendant cette

torture, puisqu'elle criait toujours : « plus fort !
plus fort ! »

D'autres, moins célèbres que la Salamandre,
recevaient durant chaque crise, jusqu'à cent
coups de pierres, pesant de vingt à vingt-cinq
livres. Le *Frère secoureur* élevait la pierre le plus
haut possible et la laissait retomber sur le corps
du patient ou de la patiente ; cette pierre, en tom-
bant, ébranlait le parquet, les assistants en frémis-
saient, les convulsionnaires au contraire en éprou-
vaient un grand soulagement.

Des savants et des philosophes de l'époque, incrédules et adversaires des convulsions, après avoir
déblatéré contre les convulsions et les convulsionnaires, après avoir soutenu des théories contraires
démontrant que c'était folie d'ajouter foi à ces faits
et, prouvant mathématiquement que le corps
humain ne pourrait résister à de semblables tor-
tures, qu'il serait mis en lambeaux en un instant,
etc., etc., furent invités, par les convulsionnaires,
à assister aux secours et à les donner eux-mêmes ;
plusieurs acceptèrent et, après s'être convaincus,
par leurs propres expériences, de la réalité de la
chose, ils s'inclinèrent devant la vérité et ils affir-
mèrent hautement l'existence de ces phénomènes.

Les femmes brillèrent le plus dans ce genre
d'exercices. Elles se passaient une robe dite de
convulsionnaire afin de garantir la décence et on

pouvait alors les frapper, les tirailler en tout sens. Lorsque l'invulnérabilité cessait, elles criaient : « assez ! » et on cessait immédiatement les secours.

Chose incroyable ! plusieurs convulsionnaires reçurent, dans l'espace de quelques mois, de trente à quarante mille coups de bûche. Lorsqu'on leur refusait les secours qu'ils demandaient, les uns devenaient paralytiques et les autres enflaient horriblement, et ce n'était qu'à force de coups qu'on arrivait à les guérir ou du moins à les replacer dans leur premier état.

Montgeron [1] rapporte le fait suivant :

« Une enfant à qui on refusait des secours devint comme une masse informe ; ses membres étaient déboîtés et contournés, toutes ses jointures disloquées... Le pouls retiré, la respiration évanouie, le visage noir comme un chapeau. On s'empressa de lui donner les violents secours qu'elle avait demandés. Ce qu'il fallut faire longtemps avant que l'enfant reprît connaissance. »

Souvent aussi, les *frères secoureurs* ou les étrangers, devenaient eux-mêmes invulnérables.

La santé des convulsionnaires n'était altérée ni par les crises ni, surtout, par les secours ; ils avaient, au contraire, plus de vigueur, plus de force qu'auparavant. Quelques-uns n'avaient qu'une vague idée de ce qu'ils faisaient ou

[1] T. III, p. 848.

disaient pendant leurs crises, mais la plupart ne gardaient aucun souvenir de leurs actes ou de leurs paroles.

Ce phénomène et celui de l'invulnérabilité rentrent dans l'ordre des effets magnétiques ; une personne, endormie magnétiquement, est généralement insensible aux causes extérieures, et, au réveil, elle a oublié ce qu'elle a pu faire ou dire pendant son sommeil. Il existe donc assez d'analogie entre ces effets et ceux produits par l'hypnotisme.

Malgré toutes les théories contraires ; en dépit des idées préconçues, il est difficile de détruire une vérité ; il n'est donc pas étonnant que beaucoup de gens, sceptiques par idées ou par profession, aient été effrayés par ce qu'ils virent, et, comme ils ne pouvaient s'en expliquer la cause, qu'ils aient pris le parti de le reconnaître comme réel. Cela prouve, une fois de plus, que les savants ont encore à apprendre beaucoup, à faire de nombreuses recherches s'ils veulent arriver à expliquer ces anomalies de la nature humaine.

A quoi attribuent-ils, par exemple, ce dernier cas d'invulnérabilité que nous extrayons du « Merveilleux [1] ? »

« Un auteur ayant imprimé qu'une jeune fille nommée Jeanne Mouler s'était fait administrer sur

1. Hippolyte Blanc, p. 84 et 85.

le ventre jusqu'à cent coups d'un chenet en fer
pesant de vingt-neuf à trente livres, et qu'un frère,
qui lui en avait donné un jour soixante, avait
percé une muraille au vingt-cinquième coup,
Montgeron répondit : « Je déclare sans peine que
c'est moi dont parle un auteur, sous le nom de
Frère qui éprouvai contre un mur l'effet que produiraient des coups pareils à ceux que je venais de
donner à cette convulsionnaire... j'avais commencé, suivant ma coutume, à ne donner d'abord
à la convulsionnaire que des coups très modérés ;
cependant, excité par ses plaintes, qui ne me lais-
saient aucune raison de douter que l'oppression
qu'elle ressentait dans l'estomac ne pouvait être
soulagée que par des coups très violents, j'avais
toujours redoublé le poids des miens ; mais ce fut
en vain que j'y employai à la fin tout ce que je pus
rassembler de forces. La convulsionnaire continuait à se plaindre que les coups que je lui donnais
étaient si faibles qu'ils ne lui procuraient aucun
soulagement, et elle m'obligea de remettre le chenet entre les mains d'un grand homme fort vigoureux... Celui-ci ne ménagea rien. Instruit par l'é-
preuve que je venais de faire qu'on pouvait lui
donner des coups très violents, il lui en déchargea
de si terribles, toujours dans le creux de l'estomac,
qu'ils ébranlèrent le mur contre lequel elle était
appuyée. La convulsionnaire se fit donner tout

de suite à cette force les cent coups qu'elle avait demandés d'abord, ne comptant pour rien les soixante qu'elle avait reçus de moi... Je repris le chenet et voulus essayer contre un mur si mes coups, qu'elle trouvait si faibles et dont elle se plaignait si amèrement, n'y produiraient aucun effet. Au vingt-cinquième coup la pierre sur laquelle je frappais, qui avait été ébranlée par les coups précédents, acheva de se briser : tout ce qui la retenait tomba de l'autre côté du mur et y fit une ouverture de plus d'un demi-pied de large [1]. »

Nous avons puisé tous les faits que nous venons de rapporter dans des ouvrages historiques. Ils présentent donc un caractère indéniable d'authenticité. D'ailleurs, nous ne voyons pas l'intérêt qu'auraient eu des hommes éminents à affirmer des phénomènes qu'ils n'auraient pas vus et contrôlés.

Ces mêmes phénomènes se sont produits, à diverses époques : on les a observés chez les convulsionnaires de Loudun, chez ceux des Cévennes, chez les Camisards, aussi bien que chez ceux de Saint-Médard.

Les magnétiseurs n'en seront point surpris, puisqu'ils ont la possibilité d'en produire d'analogues chez leurs sujets.

Nous le répétons, nous avons écrit ce chapitre

1. Montgeron, t. II, p. 43 et 44.

pour préparer ceux qui voudraient expérimenter, à être calmes, à ne jamais perdre leur sang-froid devant certains phénomènes, inexplicables pour nous, et qui pourraient être effrayants pour eux.

Quand il s'agit du système nerveux, quand on met en mouvement une force qui émane, d'après quelques savants, de ce système, il n'est pas mauvais d'avoir sous les yeux une foule de faits effrayants. (Nous tenons à nous servir de cette qualification, afin de tranquilliser l'opérateur novice, qui ne manquerait pas de se troubler, de perdre la tête, s'il venait à produire quelque chose d'anormal, n'y étant nullement préparé.)

Avant d'aborder la question des accidents que peut produire la force hypnotique, si elle est mal dirigée, ou si elle rencontre des tempéraments prédisposés aux accidents, nous devons faire connaître les prodromes ou symptômes précurseurs du sommeil nerveux.

PRODROMES DU SOMMEIL NERVEUX

Le sommeil nerveux est toujours précédé de certains symptômes dont le nombre est considérable et qui varient avec les tempéraments. Ainsi, une personne lymphatique n'éprouve pas les mêmes effets qu'une personne nerveuse ou sanguine ;

d'autre part, la violence et la rapidité des effets produits est en rapport direct avec l'impressionnabilité des sujets. Ces règles s'appliquent tout aussi bien aux animaux qu'à l'homme.

L'opérateur doit toujours être attentif, de façon à ne pas laisser passer inaperçus les phénomènes qui se manifestent, car ils échappent facilement à l'observation, et se succèdent avec rapidité.

Voici l'énumération des plus fréquents : *sensation de chaleur, déglutition répétée, titillations nerveuses, légères secousses nerveuses, pesanteur du corps, lourdeur de la tête, spasmes musculaires, fatigue des paupières, strabisme, clignotement des paupières, larmoiement, secousses nerveuses plus accentuées, engourdissement général, suffocation, accélération ou ralentissement de la respiration, transpiration, pâleur ou rougeur du visage, bâillements, tremblements nerveux, et, enfin, clôture des paupières.*

Arrivé à ce dernier état, le sujet ne peut plus, malgré les plus grands efforts, ouvrir les yeux, qui, dès lors, roulent dans leur orbite, avec un mouvement de droite à gauche, ou de gauche à droite, de haut en bas ou de bas en haut.

Parfois le corps est pris de violentes convulsions : ce sont celles qui constituaient les *crises* de Mesmer. Mais, de nos jours, elles ne sont considérées que comme le résultat de causes accidentelles, qu'il faut, autant que possible, faire disparaître sans retard.

Parfois, aussi, le sujet est pris d'une hilarité étrange, qu'il faut s'empresser de faire cesser. En voici un exemple :

Un jour, dans un village de Vaucluse, à Entrechaux, nous avions été, presque malgré nous, amené à magnétiser, en petit comité, un jeune homme de 24 à 25 ans, H. C... (nous devons dire que nous étions tous passablement affectés moralement, car nous venions de conduire à sa dernière demeure, une proche parente de ce jeune homme). Le temps était à l'orage. Nous allions nous mettre à table quand H. C... vint nous prier, avec insistance, de l'endormir, en nous déclarant qu'il *sentait* qu'il serait « voyant ». Il avait eu connaissance d'expériences de magnétisme que nous avions faites dans sa famille, quelque temps auparavant, expériences auxquelles il n'avait pas assisté, car il faisait, alors, son service militaire, et il n'était venu, ce jour-là, à Entrechaux, que pour assister à la triste cérémonie de l'enterrement.

D'autres personnes ayant appuyé sa demande, assez inexplicable en un pareil moment, nous nous décidâmes à endormir H. C..., et, au bout de cinq minutes, nous avions obtenu la clôture des paupières. Tout à coup, notre sujet fut pris d'un léger tremblement nerveux, qui ne tarda pas à faire place à des spasmes violents. Nous fîmes cesser rapidement ces effets trop anormaux, auxquels succéda un calme absolu. Mais, bientôt, la scène changea, ét le visage de H. C... s'épanouit dans un vaste sourire. Comme nous lui demandions la cause de sa joie, il nous répondit qu'il voyait des choses admirables, des couleurs éclatantes, des jardins merveilleux, comme il n'en existait pas sur la terre. Son sourire se transforma rapidement en un rire que nous n'hésiterons pas à qualifier d'homérique, et qui se communiqua à tous les assistants, bien que le moment fût assez mal choisi.

Nous n'avions pas à hésiter : nous devions changer le cours de ses idées, et mettre un terme à une hilarité aussi pénible. Nous agîmes en conséquence, mais mal nous en prit, car la scène changea une seconde fois, et, alors, elle fut terrible. Le visage du jeune homme devint, d'abord, impassible, mais, à cette impassibilité, succéda bientôt une expression de haine féroce.

Sans perdre une minute, nous courûmes à lui pour le réveiller. Alors, il se dressa, comme mû par un puissant ressort ; ses yeux s'ouvrirent démesurément, et il nous adressa les injures les plus grossières. Or, H. C... était un garçon bien élevé et d'un caractère très doux. Sa conduite du moment était donc bien faite pour nous surprendre.

Dans cet état d'exaltation, il était doué d'une

force surhumaine, et, chaque fois que nous cher-
chions à l'approcher il nous renversait d'un revers
de main. Il courait dans la pièce comme un fou
furieux, brisant les fauteuils et les chaises, au
grand effroi de tous les assistants.

Enfin, profitant d'une occasion favorable, nous
nous précipitâmes sur lui; mais, à peine avions-
nous eu le temps de lui appliquer une main sur le
front et l'autre sur l'épigastre que nous roulions
ensemble sur le plancher, et il nous fut alors possible de le maîtriser.

Quelques instants plus tard, il était complètement dégagé, et, chose bizarre, il ne ressentait aucune fatigue et ne se souvenait de rien.

Quelques minutes nous avaient donc suffi pour
produire le sommeil hypnotique, mais la cause de
cette exaltation nous a toujours échappé.

Le cas que nous venons de rapporter prouve
suffisamment qu'il est de la plus haute importance
pour l'expérimentateur, de conserver, *quoi qu'il
arrive*, tout son sang-froid; si nous avions perdu
la tête, ce jour-là, qui sait ce qui serait arrivé?

Hâtons-nous de dire que de tels accidents ne se
produisent que rarement, et notons, en passant,
ce phénomène bizarre que, peu de jours après,
ayant voulu endormir, de nouveau, H. C..., il fut
absolument insensible à notre action. Ce fait a son
importance, car il prouve que nos savants, qui

7

n'ont étudié que le Braidisme et qui dédaignent le Mesmérisme, se trompent quand ils affirment que ces expériences énervent tous les sujets et les rendent esclaves des magnétiseurs. Il y a, en effet, des exceptions, et en ce qui nous concerne nous avons connu un certain nombre de sujets qui, de très impressionnables, sont devenus, à la suite d'expériences répétées, complètement réfractaires.

Pendant l'action magnétique, le pouls s'accélère ou se ralentit. A diverses reprises, des médecins présents à nos séances, ont constaté jusqu'à 130 pulsations sur des hypnotisés.

Quand nous endormons une personne pour la première fois, nous ne la laissons pas plus d'une demi-heure dans l'état de sommeil, mais, après plusieurs séances, nous pouvons, sans crainte, faire durer plus longtemps cet état.

Nous engageons les débutants à ne pas se laisser décourager par un ou plusieurs insuccès. Quand ils rencontreront un sujet qui éprouvera une partie des effets que nous avons énumérés au commencement de ce chapitre, ils pourront répéter l'hypnotisation le lendemain, avec la certitude de réussir à l'endormir, après un temps plus ou moins long. Pourtant, il arrive qu'on n'obtient, quelquefois, le sommeil qu'après un certain nombre de séances, ce qui semble donner raison à quelques médecins qui affirment que, avec le temps, on peut endormir les plus réfractaires.

Les symptômes précurseurs que nous avons indiqués se manifestent presque toujours, mais tous ne se produisent pas sur le même sujet. Ce que nous avons donc de mieux à faire, c'est de recommander aux expérimentateurs novices d'observer attentivement ce dont ils seront témoins, et ils ne tarderont pas à acquérir une expérience qui leur permettra de marcher plus sûrement dans cette voie, que ne le ferait la théorie la plus minutieuse.

Sur quelques sujets, il se produit, avant le sommeil, un phénomène assez curieux, qui consiste en une sorte d'exaltation générale qui ressemble beaucoup à une crise nerveuse, mais qu'il ne faut pas confondre avec un accident, puisqu'il cesse avec l'hypnotisation.

ACCIDENTS MAGNÉTIQUES

Ces accidents se rencontrent rarement, et ils ne se produisent, en général, que chez des personnes prédisposées.

Avec certains sujets, il est, parfois, assez difficile de faire cesser les crises qui se déclarent, et la seule explication que nous en puissions donner, c'est qu'ils sont, sans doute, doués de tempéraments spéciaux. On a beaucoup de peine à les dégager, et ils éprouvent, après l'opération, une fatigue plus ou moins grande, qui peut durer plusieurs jours. Il est donc nécessaire de faire disparaître immédiatement, au cours de l'opération, tout ce qui paraît anormal. On évitera ainsi des accidents qui, sans être graves, pourraient fatiguer les personnes prédisposées aux crises que nous allons décrire.

Avant de procéder à l'opération, interrogez votre sujet. S'il a une maladie de cœur; s'il a eu des crises nerveuses ou des évanouissements, abstenez-vous, car, six fois sur dix, vous produiriez des accidents.

Il peut arriver aussi que des personnes qui n'ont pas, jusque-là, éprouvé les indispositions dont nous venons de parler, soient prises, pendant l'hypnotisation, de spasmes nerveux si violents, qu'ils se transformeraient rapidement, et avant que nous n'ayons eu le temps de nous en apercevoir, en une crise nerveuse épouvantable.

En voici un exemple :

Nous avions endormi, un jour, un nommé J..., âgé d'une vingtaine d'années, que nous avions, plusieurs fois déjà mis en somnambulisme. Ce jeune homme était en parfaite santé, et n'avait jamais été malade. Ce jour-là, après quelques expériences, nous l'avions réveillé. Parmi ceux qui assistaient à la séance, il y en eut deux ou trois qui manifestèrent le désir d'être influencées. Nous commençâmes aussitôt à magnétiser l'un d'eux. Tout à coup, J... qui était resté dans la pièce, et qui causait tranquillement avec une autre personne, sans prêter aucune attention à ce que nous faisions, fut pris d'un tic nerveux qui le faisait grimacer d'une façon étrange. Nous étant aperçu de la chose, nous crûmes, tout d'abord, que J... s'amusait à contrefaire les mouvemente nerveux qui se manifestaient chez notre nouveau sujet. Mais, notre erreur fut de courte durée, car bientôt il fut pris d'un rire convulsif violent, tandis que ses yeux s'ouvraient démesurément et devenaient fixes. Nous comprîmes, alors, que nous avions, à notre insu, provoqué une crise, dont nous ne pouvions pas nous expliquer la nature.

Nous adressâmes la parole à J..., dans l'espoir de le calmer, tout en dégageant promptement le jeune homme que nous avions déjà presque endormi. Mais, au lieu de le calmer, nos paroles ne réussirent qu'à le surexciter davantage, à tel point que, quittant ses chaussures, il nous les lança à la tête. Nous courûmes vers lui, pour le dégager. Alors, sa fureur ne connut plus de bornes, et il se mit à hurler, tout en cherchant à nous frapper. Enfin, voyant que nous parions adroitement les coups qu'il nous destinait, il se laissa tomber sur le plancher, et se tordit dans des convulsions effrayantes. Tous nos efforts pour le calmer restèrent vains pendant plus d'une demi-heure. En désespoir de cause, et pour éviter aux personnes présentes ce spectacle attristant, nous le transportâmes dans une pièce voisine, ou, après un quart d'heure d'efforts inouïs, nous fûmes assez heureux pour mettre fin à cette crise émouvante. Lorsqu'il fut calmé, J... ne se souvenait absolument pas de ce qui venait de se passer, et il ne ressentait aucune fatigue.

Nous avons produit, à diverses reprises, des accidents de ce genre, et, bien que la cause nous en ait toujours échappé, nous avons noté les symptômes précurseurs de ces sortes de crises, ce qui nous a permis de les enrayer avant leur complète manifestation.

Voici quels sont, en général, ces symptômes : *secousses nerveuses violentes, grincements de dents, raideur cataleptique des bras et des jambes, rires nerveux ou convulsifs, gaîté inusitée, larmes abondantes, pâleur brusque du visage avec transpiration abondante et gluante, rougeur du visage augmentant brusquement* (ce dernier symptôme dénote un commencement de congestion cérébrale qu'il faut se hâter de dissiper). Le pouls est généralement fréquent et très agité.

Tous ces symptômes peuvent se produire, après quelques minutes d'hypnotisation, ou lorsque le sujet est à la limite du sommeil nerveux. Presque tous les accidents que nous avons eu à combattre s'étaient déclarés au début de l'opération. Hâtons-nous de dire qu'il ne faut pas confondre une certaine excitation nerveuse qui se produit souvent chez les personnes très impressionnables, au moment où elles entrent en somnambulisme, avec un accident.

En suivant scrupuleusement nos conseils, il sera toujours facile de combattre, à leur début, des crises qui pourraient fatiguer non seulement le sujet, mais aussi, et surtout, l'opérateur. Pourtant, si, malgré toute l'attention et la sagacité de l'expérimentateur, une crise venait à se déclarer, il devrait conserver tout son calme, et employer les procédés que nous allons indiquer, car ils lui permettraient de faire disparaître l'accident, sans laisser aucune fatigue à l'hypnotisé.

Toutes les fois que vous magnétiserez une personne, pour la première fois, si vous remarquez des secousses nerveuses violentes, pratiquez un léger massage sur la ou les parties affectées. Si vous n'avez pas réussi, après deux ou trois minutes, à calmer, par ce moyen, les mouvements nerveux, dégagez, sans tarder, votre sujet, qu'il soit endormi ou seulement assoupi, en employant les procédés indiqués au chapitre du *Réveil*.

Avant d'énumérer les principaux accidents qui

peuvent se produire, pendant et même après la magnétisation, nous devons répéter, afin de rassurer les esprits timides, que ces accidents sont très rares et que jamais aucun n'a eu une issue funeste.

Quelques-uns, pourtant, comme les congestions, la léthargie, pourraient, si l'opérateur n'était pas suffisamment calme et expérimenté, produire des effets fâcheux.

Donc, s'il arrivait à un débutant de produire un accident, et s'il ne conservait pas le calme nécessaire ; si, d'autre part, l'exaltation augmentait chez le patient, l'expérimentateur novice ferait bien de s'éloigner, en chargeant une autre personne (à défaut d'un praticien) du soin de le dégager, en lui faisant connaître les procédés usités pour obtenir le réveil.

PRINCIPAUX ACCIDENTS MAGNÉTIQUES

Crises de nerfs et convulsions violentes. — Nous l'avons déjà dit : quand on hypnotise une personne, pour la première fois, si l'on provoque des secousses nerveuses d'une certaine violence, on doit chercher immédiatement à les faire cesser. Dans ce but, il faut faire de *légères frictions* sur les parties affectées. Si les frictions ne suffisaient pas, il faudrait, alors, *masser fortement* tout le corps, depuis

les épaules jusqu'aux pieds. Si, malgré les fric_
tions et le massage, les secousses persistaient, il
n'y aurait plus qu'à *dégager vivement* le sujet, pour
ne pas laisser à la crise le temps de se déclarer. Si,
enfin, on ne parvenait pas à empêcher ce dénoue-
ment, on appliquerait, sur-le-champ, une main sur
le front et l'autre sur l'épigastre (creux de l'estomac) en exerçant une certaine pression, en même
temps qu'on *soufflerait froid* sur le cerveau, sur le
cervelet et sur la région cardiaque. Cela suffirait
pour calmer rapidement la crise.

Pour la faire disparaître complètement, et afin
de ne laisser aucune fatigue au sujet, il faut le dégager par de grandes frictions, depuis les épaules
jusqu'aux extrémités inférieures, et terminer l'o-
pération par un massage général.

Rires convulsifs. — Cet effet se produit ordinairement après quelques minutes de magnétisation.
Le visage du patient commence par s'épanouir ; un
sourire apparaît sur ses lèvres. Jusque-là il n'y a
rien d'anormal, car ces symptômes sont souvent
l'indice du somnambulisme ; mais, s'il se déclare
un rire bruyant, et qu'il se produise des contractions du diaphragme, il faut aussitôt appuyer une
main sur ce muscle, et l'autre sur le sommet de
la poitrine ; puis, après un moment d'imposition
des mains, frictionner la région du diaphragme,
souffler froid sur le front et sur le côté gauche de

la poitrine au niveau du cœur, et, enfin, dégager le sujet par de grandes frictions.

Pleurs. — Parfois, quand on a affaire à une personne très impressionnable, il arrive que, au bout de quelques minutes, ses yeux se remplissent de larmes, qui finissent par couler abondamment le long de ses joues. Ce n'est souvent là qu'un trouble local, résultant de l'action magnétique sur les glandes lacrymales, et il n'y a pas lieu de s'en préoccuper ; mais, si les larmes sont accompagnées de suffocation et de spasmes, il faut s'empresser de mettre fin à un état de choses qui pourrait congestionner les poumons et le cœur. Donc, à la première manifestation de ces symptômes, et dès qu'il y a de la dyspnée, on doit dégager le sujet, en faisant un *léger massage* sur la poitrine et sur le diaphragme, en *soufflant froid* sur la région du cœur, en jetant de l'eau froide au visage et, enfin, en recourant aux grandes frictions.

Catalepsie (contracture musculaire) *partielle
ou générale*

Quand ce phénomène, que l'on peut obtenir sur tous les sujets, est produit par la volonté de l'expérimentateur, il n'offre aucun danger et n'occasionne aucune fatigue à l'hypnotisé ; mais lorsqu'il se produit accidentellement pendant l'opération, sur une personne qu'on magnétise pour la première fois, et dont la tête est restée libre ou qui n'éprouve qu'un commencement de somnolence, le cas devient assez sérieux. En effet, si le sujet se voit entièrement paralysé, il peut s'effrayer de cet état incompréhensible pour lui, qui l'empêche d'émettre le moindre son et de faire le plus léger mouvement. Il se trouble, il a peur, et l'émotion à laquelle il est en proie peut dégénérer en un accident grave.

L'opérateur n'a encore rien remarqué, et ce n'est que lorsqu'il voit les membres du patient se raidir, et son visage se colorer qu'il comprend la situation. Il ne doit pas attendre d'autres indices pour dégager son sujet car, s'il tardait, il pourrait se produire une congestion cérébrale. — Il faut promptement dégager le patient en faisant de *grandes frictions* et en *massant fortement* tous les membres, en commençant par les membres supérieurs et en terminant par les inférieurs ; il serait bon aussi de *masser* l'épine dorsale.

Congestion cérébrale. — Cet accident est le plus rare, il peut se rencontrer une fois sur cent; mais un commençant pourrait le produire la première fois qu'il hypnotiserait. La congestion cérébrale est toujours précédée de désordres respiratoires; ainsi, il y aura de l'oppression, la respiration deviendra sifflante, le visage se colorera vivement;

des maux de têtes se feront sentir et, brusquement, le visage deviendra écarlate ; à ce moment le corps obéit aux lois de la pesanteur. Il faut, sans perdre une minute, dégager le sujet en faisant de *grandes frictions* et en appliquant des *compresses d'eau froide* sur le front.

Ces grandes frictions doivent être faites comme les autres, à partir du cou jusqu'aux extrémités inférieures, mais en appuyant légèrement sur leur parcours. Si l'accident s'aggravait, il faudrait continuer ces frictions, les faire plus énergiquement et *souffler froid* sur le front et dans les oreilles.

Nous ajouterons que, malgré le danger qu'offre cet accident, il est facile de le faire disparaître : les frictions et les compresses d'eau froide suffisent toujours.

Évanouissement. — Si l'on hypnotisait une personne maladive, sujette aux évanouissements, aux syncopes ; si enfin cette personne souffrait d'une maladie du cœur, on occasionnerait une syncope, dans la plupart des cas.

Nous avons toujours vu cet accident se produire uniquement sur des personnes prédisposées ; il est donc bien facile de l'éviter, en éliminant toutes les personnes qui seraient sujettes à ces accidents ou qui seraient atteintes de cette maladie. Mais, si l'on avait négligé de s'informer préalablement et que l'accident se produisît, il suffirait, comme cela se pratique communément, de faire respirer du vinaigre ou de l'éther au patient, de frapper dans ses mains, et, enfin, de *souffler froid* sur son front et sur son cœur.

Idiotisme.—Cet accident ne se produit que quand on a obtenu le sommeil nerveux et ne se constate qu'au réveil. Il ne présente, d'ailleurs, aucun danger, mais il pourrait durer plusieurs jours, si on ne savait pas le faire cesser.

Donc, si, au réveil d'un sujet, on constate un certain hébêtement sur sa physionomie, s'il ne répond pas d'une façon sensée aux questions qu'on lui pose, on reconnaît aisément son état.

Il faut, alors, le rendormir, et, avant de le dégager par les grandes frictions, lui faire vivement des *passes transversales* sur la tête [1], lui placer pendant quelques minutes les mains sur le cerveau, et le réveiller ensuite. Si, après cette opération, l'accident persistait, ce qui est très rare, il faudrait l'endormir encore une fois, et le laisser dormir une ou deux heures, en faisant, de temps en temps, des passes énergiques sur la tête, alternant avec le *souffle froid*. Enfin, avant de le réveiller, on lui suggérerait qu'il sera, à son réveil, dans son état normal. L'accident ne saurait résister à ce traitement.

---

1. Ces passes se font en rapprochant les deux mains sur le front du sujet, pour les écarter ensuite brusquement.

Paralysie des membres au réveil. — Après avoir dégagé un sujet, si l'on constate une sorte de paralysie sur une partie quelconque de son corps, il suffit, ordinairement, sans le replonger dans le sommeil nerveux, de masser et de frictionner la ou les parties affectées, pour voir reparaître la souplesse et le mouvement dans les membres engourdis. Si, pourtant, la paralysie persistait, on rendormirait le patient, et on dégagerait fortement les parties atteintes, par des frictions et un massage énergique, jusqu'à cessation complète de l'accident. On réveillerait ensuite.

Folie. — Certains somnambules sont pris quelquefois d'une colère extrême qui a quelque ressemblance avec la folie.

Depuis plus de dix ans que nous nous occupons de la question, nous n'avons rencontré que deux fois cet accident ; les causes occasionnelles proviennent souvent de l'inattention ou de l'inexpérience de l'opérateur.

Les somnambules ont, dans cet état particulier comme dans leur état de veille, des sympathies et des antipathies ; il suffit, lorsqu'on a affaire à un sujet irascible, de le mettre en contact avec une personne qui lui sera antipathique, et que cette dernière le contrarie, pour occasionner cette crise. D'autres fois la cause de cette colère subite, de cette folie nous échappe. Le sujet, sans cause apparente, se met en colère, se débat contre des êtres invisibles et finit, si on ne le calme pas à temps, par se mettre dans un état d'exaltation impossible à décrire. Ce sont sans doute des hallucinations qui l'obsèdent, qui l'exaspèrent ; il se querelle, nous l'avons dit, avec des êtres imaginaires et se débat contre eux, l'exaltation augmente et finalement il arrive au paroxisme de la colère.

Arrivé à ce point, le sujet n'entend et ne comprend plus son hypnotiseur, et, pour se défendre contre l'être imaginaire qui l'obsède, il brise tout ce qui lui tombe sous la main.

Pendant cette crise, la force du sujet est quintuplée, et on ne doit l'approcher qu'avec prudence. Mais, comme cet état d'exaltation pourrait amener une congestion cérébrale, il importe de le faire cesser, à tout prix.

Un verre d'eau froide, lancée au visage de l'hypnotisé, le calmera un instant. Il faut en profiter pour s'emparer de lui, et lui appliquer, sur-le-champ, une main sur le front, et l'autre sur l'épigastre, en pressant fortement sur ces parties, sans négliger de *souffler froid* sur la tête.

Dès qu'il se manifestera une diminution sensible de l'exaltation, on dégagera le sujet, en soufflant froid sur le front, dans les oreilles et sur la région du cœur ; on fera ensuite de grandes frictions jusqu'à ce qu'on ait obtenu le réveil ; et on les continuera jusqu'à ce que l'hypnotisé n'éprouve plus ni lourdeur, ni fatigue. Il n'est pas mauvais, afin de lui éviter des maux de tête de lui appliquer avant de le réveiller des compresses d'eau fraîche sur le crâne.

Nous croyons, d'ailleurs, qu'il serait possible, et même facile d'éviter cette crise. Il suffirait, pour cela, dès qu'on remarquerait de l'exaltation chez un sujet, d'éloigner la personne qui semble lui être antipathique, ou de changer le cours de ses idées, ou, enfin, de le réveiller brusquement.

Réveil. — Dans les conditions ordinaires, les procédés pour obtenir le réveil sont d'une grande simplicité, encore faut-il les employer convenablement. On fait, d'abord, des frictions, à partir du cou, en passant par les épaules, le long des bras, jusqu'aux extrémités supérieures. Après une dizaine de ces frictions, on en fait d'autres jusqu'aux extrémités inférieures. Cette opération doit être faite vivement, avec énergie, et continuée jusqu'à ce que le sujet ait entièrement ouvert les yeux. Quand ce résultat est obtenu, on fait, avec les deux mains, des *passes transversales* sur le front, de manière à produire un air froid sur la tête. On souffle ensuite fortement sur le front et sur le cervelet, et, s'il reste encore de la lourdeur dans la tête, ou de l'engourdissement dans le corps, on recommence les grandes frictions, et on masse vivement les membres, en allant toujours de haut en bas.

On peut aussi, pour activer le réveil, plonger les mains du patient dans une cuvette d'eau froide, et lui en jeter quelques gouttes au visage.

Si, malgré ces diverses opérations, le réveil était laborieux, on appliquerait un de ses pouces sur le front et les autres doigts sur le vertex, en exerçant une légère pression, et on les enlèverait vivement, en accompagnant ce mouvement de ces mots, dits avec énergie : « Réveillez-vous ! » ou : « Réveille-toi ! ».

Difficulté du Réveil. — Il nous est arrivé, rare-ment il est vrai, de ne pouvoir réveiller qu'avec beaucoup de peine des personnes que nous avions endormies avec beaucoup de facilité ; or, règle générale, le réveil s'obtient plus facilement que le sommeil, et en quelques minutes seulement ; mais certains somnambules ne veulent pas se laisser réveiller, ils se complaisent dans cet état et voudraient y rester toujours.

D'autres ont des visions qu'ils disent admira-bles, et se plaisent à les contempler ; aussi résis-tent-ils et réussissent-ils, malgré nos efforts, à se maintenir dans le sommeil.

Nous avons eu affaire à des dormeurs qui nous suppliaient, les mains jointes, de les laisser *tou-jours* dans cet état somnambulique ; comme nous refusions naturellement, tout en leur promettant

8

de les laisser dormir plus longtemps une autre fois, ils feignaient de se soumettre, mais ils faisaient tout leur possible pour rester endormis. Nous les réveillions bien malgré eux, mais il nous fallait travailler longtemps et ce n'était qu'au bout de dix minutes ou un quart d'heure que nous arrivions à nos fins, alors que cette opération ne nous demande, ordinairement, qu'un instant.

Il est des cas où le réveil est difficile à obtenir: c'est lorsqu'on a produit le sommeil nerveux sans somnambulisme. On rencontre des personnes que l'on endort plus profondément en voulant et croyant les dégager, et qu'il faut plusieurs heures pour réveiller. Certains praticiens déclarent avoir laissé dormir pendant plusieurs jours des sujets, parce qu'ils ne parvenaient pas à les réveiller.

Nous croyons qu'avec nos procédés, on ne se trouvera pas dans cette situation alarmante. D'ailleurs, qu'on se rassure: cet état n'a rien de dangereux pour le dormeur; nous sommes même convaincu que le sommeil cesserait, de lui-même. Néanmoins, ne fût-ce qu'à cause des parents ou des amis du sujet, il faut se hâter d'y mettre fin. Pour cela, on aurait recours aux *grandes frictions* et à un massage énergique (suivant les indications que nous avons fournies plus haut) en même temps qu'on soufflerait *froid* sur le front et sur le cervelet. Enfin, si, malgré tous ces soins, le sommeil persistait, on placerait le sujet dans un courant d'air, et on lui frapperait les tempes avec une serviette mouillée, jusqu'à ce qu'on ait obtenu le réveil, ce qui ne saurait tarder.

Léthargie. — Après avoir somnambulisé une personne pour la première fois, après l'avoir fatiguée par une foule d'expériences, si, sans tenir compte de la fatigue que vous lui avez occasionnée, vous continuez à la tourmenter, il peut arriver que, subitement, sans aucun symptôme précurseur, elle tombe en léthargie. Or, la léthargie est toujours difficile à faire cesser. Heureusement, cet accident est fort rare, et beaucoup de praticiens ne l'ont jamais rencontré. Pour notre part, nous l'avons constaté une seule fois.

Le sommeil léthargique peut se manifester à la première expérimentation, si l'on a affaire à une personne prédisposée, si l'on prolonge outre mesure le sommeil nerveux ou somnambulisme, et, surtout, si, l'extase obtenue, on tarde à dégager le sujet. Donc, à notre avis, cet accident doit être le résultat d'une fatigue excessive éprouvée par le patient, pendant le somnambulisme.

Quand il se produit chez une personne prédisposée, il est facile à dissiper, puisqu'on perçoit distinctement les battements du cœur, bien que la respiration semble arrêtée. Quand, au contraire, il provient d'une grande fatigue morale et physique, les pulsations cardiaques sont difficilement perceptibles.

Dans les deux cas, le visage du sujet a l'apparence de la mort : les muqueuses sont décolorées, la peau est humide et les chairs flasques.

Dans le premier cas, les *grandes frictions*, le *massage général*, le *souffle chaud* sur la région du cœur, suffisent pour faire rentrer le patient dans son état normal. Dans le second cas, la situation est plus grave. Elle exige qu'on s'arme de patience, et qu'on ne néglige rien pour bien dégager le sujet et ne lui laisser aucune fatigue.

Dans ce but, il faut *souffler chaud* sur le cœur et sur le cerveau, *souffler froid* dans la bouche, *masser* tout le corps, afin de rétablir la circulation et, continuer le *souffler chaud* jusqu'au moment où on percevra distinctement les battements du cœur et où la respiration sera redevenue régulière. Alors, on continuera encore un instant le *massage* et on terminera l'opération par les *grandes frictions* et les *passes transversales* faites devant la tête et devant la poitrine ; il faudra aussi *souffler froid* sur le front et sur le cervelet jusqu'au réveil complet ; et jusqu'à ce que toute prostration ait disparu.

Tels sont les principaux accidents qui peuvent se déclarer au cours des expériences de somnambulisme. A vrai dire, tous ces accidents peuvent assez facilement être évités, si l'on prend soin d'éliminer les sujets trop impressionnables, et d'arrêter, à temps, les effets magnétiques, qui se manifesteraient avec trop de violence.

Mais comme on peut, en dépit de toutes les précautions prises, se trouver en défaut, nous avons jugé nécessaire d'énumérer ces accidents, et de donner les moyens de les combattre efficacement.

Certes, il ne faut pas s'exagérer les difficultés, mais il est préférable de ne pas faire un simple jeu du somnambulisme, en particulier, et de n'y avoir recours que dans des buts humanitaires.

Il n'est, malheureusement, pas en notre pouvoir de donner l'expérience aux débutants; mais, tous ceux qui suivront bien nos conseils, et qui emploieront convenablement nos procédés pourront en faire leur profit, car nous leur livrons le fruit de douze années d'étude, d'expérience et d'observation.

DEUXIÈME PARTIE

PRATIQUE

QUELQUES CONSEILS AUX EXPÉRIMENTATEURS

Celui qui veut hypnotiser doit se bien pénétrer de cette vérité, que l'acte qu'il va accomplir n'est pas un simple jeu, mais, au contraire, un acte très sérieux, exigeant tout l'effort de la volonté de l'expérimentateur et toute son attention. A négliger ces prescriptions, on court au-devant de résultats absolument négatifs.

A notre avis, et quoi qu'en disent certains de nos confrères, la volonté est nécessaire, indispensable même, pour obtenir des effets sérieux, probants. Il faut donc, avant tout, s'appliquer à diriger convenablement sa pensée, sa volonté. Pour cela, il n'y a pas lieu de faire des efforts physiques énergiques, et de raidir ses muscles, comme le font beaucoup d'expérimentateurs. Ce serait se fatiguer inutilement, pour ne pas arriver plus vite au résultat désiré. Dans tous les actes de la vie, *il faut vouloir*, et on agit d'autant mieux qu'on veut plus fermement.

Pour hypnotiser avec succès, on doit faire preuve de persévérance, et ne pas se laisser décourager par un premier insuccès. Il faut s'armer de patience, car :

Patience et longueur de temps…

Mais, c'est surtout quand on veut obtenir le sommeil nerveux, le somnambulisme, que la persévérance est nécessaire. Une première séance n'est pas toujours suffisante pour obtenir ce sommeil. Il arrive qu'on doit recommencer plusieurs jours de suite, *autant que possible à la même heure*, pour arriver au résultat cherché. Les nerfs prennent assez facilement l'habitude de se laisser influencer, de se contracter à heure fixe. Ces conseils ont leur importance, quand on cherche à produire le somnambulisme.

Il est bon d'éviter d'hypnotiser, quand on sort de table, surtout si l'on a fait un repas plus copieux qu'à l'ordinaire, parce que, en ce cas, les efforts, si faibles soient-ils, que l'on est obligé de faire pour obtenir les phénomènes hypnotiques, peuvent occasionner une indigestion, et même une légère congestion cérébrale. Celle-ci ne présenterait aucun danger, mais elle causerait une certaine fatigue à l'opérateur, et le mettrait dans l'impossibilité absolue d'arriver à un bon résultat, s'il se trouvait en présence d'un sujet d'une nature trop impressionnable.

Il faut éviter également d'hypnotiser quelqu'un qui se trouverait dans les conditions physiologiques dont nous venons de parler, ainsi que toute personne atteinte d'une maladie de cœur, et cela pour des raisons qu'il serait trop long d'exposer ici.

En magnétisme (et cela a une grande importance), on ne doit s'effrayer de rien. Quoi qu'il arrive, il est absolument nécessaire de garder tout son sang-froid. On peut être sûr, avec du calme, de faire cesser tous les accidents qui pourraient se présenter. Si l'opérateur se troublait, il porterait le trouble dans l'organisme de son sujet, et serait alors impuissant à maîtriser la crise. Qu'on ne l'oublie pas : puisqu'on a le pouvoir de produire un effet, on a, au même degré, celui de le faire disparaître.

Quiconque se sera bien pénétré de ces idées pourra se livrer, sans crainte, à des expériences. Mais, nous le répétons : pour produire le somnambulisme, en particulier, il est nécessaire de se conformer, à la lettre, aux indications qui précèdent.

Les mêmes précautions ne sont pas nécessaires pour opérer sur des sujets éveillés, c'est-à-dire pour procéder aux expériences de ce que nous appelons le Nouvel hypnotisme, car, à la moindre indisposition, à la moindre fatigue du sujet, il est facile de le dégager et d'empêcher tout accident.

Somnambulisme.

NOS PROCÉDÉS

1º *Somnambulisme*

Quand nous voulons produire le somnambulisme nous choisissons une pièce plutôt chaude que froide. Dès que nous nous trouvons en présence de la personne qui veut bien se prêter à nos essais, nous la prions de s'asseoir commodément. Cela fait, nous lui recommandons de rester passive et de ne pas s'occuper de ce que nous allons faire ; puis, nous nous asseyons en face d'elle, sur un siège plus élevé que le sien, de manière à pouvoir faire, sans nous fatiguer, les mouvements nécessaires, et nous commençons aussitôt l'opération.

Nous prenons, d'abord, les mains du sujet ; nous appliquons nos pouces contre les siens, de telle sorte que le contact ait lieu par la face palmaire, et nous la fixons dans les yeux en l'invitant à nous fixer de même.

Nous restons ainsi pendant dix minutes ou un quart d'heure, et, autant que possible, nous ne laissons pas échapper les symptômes physiologiques qui se manifestent, ce qui nous permet de suivre la marche de l'opération.

Si nous avons affaire à une personne impressionnable, ce laps de temps est suffisant pour obtenir la clôture des paupières, mais pas toujours le sommeil.

Quand les paupières sont fermées, nous remarquons que les yeux exécutent dans leur orbite les mouvements que nous avons indiqués au chapitre des « Prodromes du sommeil ».

Nous lâchons, alors, les mains du sujet, et nous nous mettons debout, toujours en face de lui, afin de pouvoir faire nos mouvements plus librement et avec moins de fatigue. Nous élevons nos bras au niveau de sa tête, et nous plaçons nos mains à quelques centimètres au-dessus de celle-ci. Nous les y laissons pendant quelques secondes, pour les descendre ensuite latéralement à la hauteur des oreilles, où nous les arrêtons également pendant quelques secondes. Nous dirigeons ensuite nos doigts *en pointe* vers le cervelet et nous abaissons *lentement* nos mains sur les épaules (toujours sans toucher), en prolongeant ensuite les passes jusqu'aux coudes.

Dès lors, nous remontons nos mains au-dessus de la tête et nous recommençons l'opération que nous venons de décrire, pendant environ cinq minutes.

Il ne nous reste plus à ce moment qu'à faire des

passes de face, qui sont moins fatigantes, et dont voici la description.

Nous nous asseyons de nouveau, en face de notre sujet, et nous élevons une de nos mains à peu près *au niveau de la racine de son nez ;* puis, nous les descendons *lentement* jusqu'au sommet de sa poitrine, et même jusqu'en face de l'épigastre. Nous la remontons ensuite, et nous continuons ainsi jusqu'à ce que nous ayons obtenu l'immobilité et l'insensibilité absolues. Quand une de nos mains est fatiguée nous employons l'autre. Nous avons soin que nos bras conservent toujours leur souplesse, car s'il n'en était pas ainsi, nous nous fatiguerions en pure perte.

De temps à autre, nous nous rendons compte du degré auquel est arrivée l'hypnotisation, en prenant un des bras du sujet, en l'élevant lentement à une certaine hauteur, et en le lâchant brusquement. S'il conserve la position que nous lui avons donnée, c'est que nous avons déjà produit le sommeil nerveux.

Cette règle n'est, pourtant, pas absolue, mais, quand on a obtenu une sorte de catalepsie et l'insensibilité, on est sûr d'avoir produit le sommeil, mais pas toujours le somnambulisme. Pour arriver à ce dernier état, il ne reste plus qu'à avoir un peu de patience.

Nous adressons la parole au sujet, qui nous fait

connaître lui-même son état ; il peut même nous dire pendant combien de minutes nous devons encore continuer nos passes *de face* pour le faire entrer en somnambulisme, s'il n'y est pas déjà.

Quelquefois, les mâchoires du sujet se contractent, et il est dans l'impossibilité de nous répondre. En ce cas, nous faisons un léger massage sur les masséters, et la contracture disparaît.

On peut se trouver aussi en présence d'une paralysie de la langue ; de légères frictions sous le menton et sur la partie antérieure du cou la font promptement cesser.

Si le patient éprouve de la fatigue, s'il souffre d'une douleur quelconque, pour mettre fin à ces malaises sans importance, il suffit de promener les mains sur la partie affectée.

Enfin, si l'on avait affaire à une indisposition plus sérieuse, il n'y aurait qu'à s'en rapporter à la description que nous en avons donnée dans les « Accidents magnétiques » et à appliquer les moyens que nous y recommandons pour les combattre.

Hypnotisme, suggestion.

2° *Hypnotisme, suggestion.*

Nous l'avons déjà dit : tout le monde peut hypnotiser, car la force hypnotique (nous admettons
l'hypothèse d'une force) n'est pas le privilège de
quelques-uns. Par contre, toutes les personnes ne
sont pas hypnotisables ; on en rencontre qui sont
ou paraissent complètement réfractaires ; d'autres
n'éprouvent que des effets partiels ; d'autres,
enfin, sont des sujets parfaits.

Sur dix personnes, prises au hasard, deux seulement seront très impressionnables ; deux ou trois
éprouveront des effets plus ou moins apparents,
et les cinq autres ne ressentiront rien, ou presque
rien, *dans le même laps de temps.*

La période de la vie qui paraît favoriser le plus
l'obtention des phénomènes hypnotiques, est celle
comprise entre quinze et trente ans. On peut, il est
vrai, hypnotiser des personnes plus jeunes ou plus
âgées, mais, alors, la proportion des succès est
beaucoup moindre.

Charcot et d'autres savants, dans la moyenne

qu'ils ont établie, donnent le chiffre de trente pour cent de personnes sensibles. La nôtre est plus élevée. Par exemple, en ce qui concerne les femmes, nous en avons toujours trouvé, au minimum, soixante pour cent d'hypnotisables ; chez les hommes, de quinze à trente ans, la moyenne descend à cinquante, pour tomber à quarante chez ceux de trente à cinquante ans.

Pour reconnaître l'impressionnabilité des personnes qui se soumettent à nos essais, nous n'hypnotisons chacune d'elles que pendant quelques minutes, et nous éliminons aussitôt celles qui n'ont rien éprouvé, pendant ce court laps de temps. Nous n'en sommes pas moins persuadé que si nous actionnions plus longtemps, une heure, et plus, au besoin, nous réussirions à obtenir des effets sur tout le monde.

Voici ce que dit, à ce sujet, le docteur J. Esdaile, médecin en chef de l'hôpital mesmérique de Calcutta :

« Après avoir magnétisé un malade pendant un quart d'heure ou vingt minutes, nous nous faisons remplacer par un collègue qui le magnétise à peu près le même laps de temps. Lorsque celui-ci est fatigué, il se fait remplacer par un autre et ainsi de suite. »

Il affirme obtenir toujours ainsi le sommeil magnétique, et, par suite, l'insensibilité, ce qui lui permet de procéder, alors, à ses opérations chirurgicales.

Nous n'avons jamais eu l'occasion d'essayer sa méthode, nous ne pouvons donc pas juger de sa valeur; mais, les résultats qu'il prétend obtenir nous paraissent parfaitement admissibles et vraisemblables. Quoi qu'il en soit, et qu'on puisse ou non réussir sur tout le monde, rien n'est plus facile que de se convaincre de l'existence de la force magnétique.

Beaucoup de personnes, même après avoir assisté à des expériences d'hypnotisme, persistent à douter de cette force. Eh bien, comme nous voulons convaincre les plus incrédules, nous mettons à la disposition de chacun des procédés simples et sûrs qui permettront de vérifier l'exactitude de ce que nous avançons. Que les sceptiques essaient, et ils seront convaincus! Alors, nos adversaires de la veille deviendront nos partisans du lendemain, et, quand tout le monde connaîtra et pourra pratiquer l'hypnotisme, nos savants seront bien obligés de l'admettre tel qu'il est, au lieu de chercher à le dénaturer.

Il ne suffit pas, pour faire progresser une science, de lui trouver un nom nouveau, de remplacer le mot « magnétisme » par celui « d'hypnotisme » et d'appeler « suggestion mentale » ce que les magnétiseurs nommaient « transmission de la pensée. »

En dépit de l'opinion de certains auteurs qui nient, dans la production des phénomènes magnétiques, l'influence de la volonté, nous croyons que cette force qui agit n'est autre chose que la *potentia voluntatis*, ou, mieux encore, la *vitalitas*. Après tout, le nom ne fait rien à la chose. Le mieux est encore de montrer ce qu'on peut obtenir par le magnétisme, par l'hypnotisme, si l'on veut, et c'est ce que nous allons faire, sans plus tarder, avec la conviction que, quand la grande masse du public aura mis nos procédés en pratique, il faudra bien que nos savants obéissent à la voix de ceux qui demanderont la création, dans chaque école de médecine, d'une chaire d'hypnotisme.

Épreuve préliminaire.

Application de ta main. — Pour reconnaître l'aptitude d'une personne à éprouver les effets nerveux que nous décrirous successivement, nous appliquons une de nos mains entre ses omoplates, à la base du cou, (fig. 1) et nous la prions de nous rendre compte des effets qu'elle éprouve. Si, après deux ou trois minutes d'application de notre main, elle nous déclare ressentir de la chaleur dans le dos, et, si cette chaleur va en augmentant, nous mettons une main sur chaque omoplate, en imprimant à nos doigts un léger tremblement. La chaleur ne tarde

pas à devenir intolérable chez les sujets très impressionnables. Ceux qui éprouvent cette sensation, sont aptes aux expériences hypnotiques. Ceux
qui n'éprouvent qu'une légère chaleur, sont moins
sensibles que les premiers, ce qui ne nous empêche pas d'obtenir des effets sur eux. Il est des personnes hypnotisables qui, au lieu d'une sensation

Fig. 1.

de chaleur, éprouvent une sensation de froid, des
frissons, des titillations nerveuses, de légères
crampes dans les membres, comme de légères décharges électriques, des tremblements nerveux
dans les membres inférieurs, etc., etc.

Nous pouvons, sans crainte de nous tromper,
affirmer à ceux qui éprouvent ces sensations qu'ils
sont en notre pouvoir, et dès lors, rien ne nous est
plus facile que de faire sur eux une série d'expériences.

Nous éliminons, à la suite de l'épreuve que nous venons de décrire, les personnes qui n'ont rien éprouvé, bien que, comme nous l'avons dit, nous soyons convaincu que nous réussirions à produire des effets sur tout le monde, avec du temps et de la patience.

Si nous rencontrons un sujet par trop impressionnable, qui éprouve subitement une fatigue générale, nous l'éliminons également, parce que nous pourrions, à notre insu, provoquer un accident parfois difficile à faire disparaître.

Ce qui distingue nos procédés de ceux qu'on a employés jusqu'ici, c'est que nous n'opérons que sur des gens éveillés, et que nous leur laissons, pour que nos expériences soient plus concluantes, leur entière volonté. Ils ont beau faire, ils sont forcés d'obéir à notre influence. La résistance qu'ils opposent produit, naturellement, sur eux, une fatigue d'autant plus grande que leurs efforts sont plus énergiques, mais nous n'avons pas à nous en inquiéter, car elle disparaît toujours, après quelques heures de repos. Toutefois, nous ne saurions trop recommander de bien dégager les sujets, après les expériences. Il suffit, pour cela, de pratiquer un massage général.

Les expériences que nous pouvons faire sont nombreuses, et il nous est facile de produire sur les sujets impressionnables tout ce que notre imagination peut nous suggérer, bien entendu, dans le domaine des choses possibles. Nous devons donc nous borner à indiquer celles que nous faisons le plus souvent.

Attraction et répulsion. — Quand nous avons, par l'application de nos mains sur les omoplates, et par les titillations, énervé suffisamment les deux

Fig. 2.

trapèzes du sujet, et dès que la chaleur a envahi tout son dos, nous retirons *lentement* nos mains, *avec la ferme volonté* de l'attirer à nous. Immédiatement, il se produit des mouvements d'attraction. Si le sujet résiste, ce qui arrive presque toujours, nous reprenons l'opération, en ayant soin de ne pas raidir nos muscles, afin d'éviter une fatigue inutile, et nous avons bientôt gain de cause : notre sujet est attiré vers nous, et il nous suit à reculons (fig. 2), en faisant des contorsions assez comiques. Les personnes très impressionnables sont attirées avec beaucoup de force, et arrivent violemment sur nous.

Une fois cet effet obtenu, il nous est facile de faire marcher le sujet dans toutes les directions, et aussi longtemps que nous le voulons.

Pour produire l'effet contraire, c'est-à-dire la *répulsion*, nous n'avons qu'à *changer d'idée*, et à faire des efforts de volonté, en dirigeant nos mains vers le sujet, comme si nous voulions le repousser, et aussitôt, nous le voyons s'éloigner de nous.

Nous ne saurions trop répéter (le succès des expériences en dépend, quoi qu'en disent quelques médecins qui n'ont étudié la question qu'avec des idées préconçues), nous ne saurions trop répéter, disons-nous, que la *volonté* est indispensable, et, chaque fois que l'on veut produire de nouveaux phénomènes, il faut *vouloir* les obtenir, et ne pas changer d'idée à chaque instant. Nous n'ignorons pas que le plus difficile est de *savoir vouloir*, mais, avec un peu de patience et d'application, on y arrive aisément.

Flexion des genoux. — Pour cette expérience, après avoir fait la précédente, nous n'avons qu'à appliquer une de nos mains au bas des reins, sur le coccyx et à titiller, avec les doigts, les muscles voisins (les grands fessiers), en même temps que nous plaçons notre autre main, les doigts en pointe (nous croyons à la vertu des pointes) en face et à quelques centimètres des genoux du sujet, (fig. 3) en ayant la ferme volonté de le forcer à s'age-nouiller. Il ne tarde pas à nous obéir, après s'être raidi inutilement.

Fig. 3.

Attraction de la tête. — Le sujet étant à genoux, nous le prions de regarder fixement, pendant un instant, la paume de notre main. Puis nous des-cendons lentement celle-ci jusqu'au sol, et la tête du sujet suit notre mouvement et s'incline égale-ment jusqu'au sol.

Immobilisation. — Cet effet ne s'obtient pas sur tous les sujets que l'on a forcés à tomber à genoux,

mais on peut, néanmoins, l'obtenir sur un grand
nombre. Le symptôme suivant, quand il se produit, nous prouve que nous pouvons compter sûrement sur la réussite de cette expérience : le sujet
étant à genoux, nous lui appliquons, à nouveau,
une de nos mains au bas des reins, et nous promenons légèrement l'autre sur ses cuisses, en le

Fig. 4.

priant de nous faire part des sensations qu'il
éprouve. S'il nous accuse de la lourdeur, des
crampes, des tremblements nerveux dans les cuisses, nous sommes sûrs, dès lors, de pouvoir l'immobiliser dans cette position, (fig. 4) et il sera dans
l'impossibilité de se relever, tant que nous ne
le lui permettrons pas.

On peut varier ces expériences d'immobilisation.
En voici une qui est assez frappante :

Nous prenons le bras du sujet, et nous le con-
tracturons par quelques légères frictions. Nous
appliquons ensuite sa main ou un de ses doigts sur
le mur, sur une glace, sur une patère (fig. 5) sur
un meuble quelconque ; nous l'immobilisons, et il
est là comme rivé. Il a beau s'aider de son bras
libre, de ses jambes, il lui est impossible de retirer sa main, avant que nous le lui permettions.

Fig. 5.

Nous pouvons encore placer notre sujet dans
un cercle que nous traçons à la craie, et il y reste,
comme paralysé, et absolument incapable de briser le charme qui l'y retient, jusqu'au moment où
nous lui rendons l'usage de ses mouvements.

En résumé, rien ne nous est plus facile que
d'immobiliser telle ou telle partie du corps.

Répulsion de la main par un corps inerte. — Nous
mettons un objet quelconque, une pièce de cinq
francs par exemple, sur une chaise ou sur tout autre
meuble ; nous prenons, alors, la main du sujet, *qui*

aura déjà été suffisamment entraîné par les expérien ces précédentes, et nous produisons, dans un de ses bras, une certaine raideur musculaire, par quelques frictions sur ses muscles, *et par notre volonté*. Nous conduisons ensuite, par la main, le sujet jusqu'au meuble sur lequel nous avons placé la pièce de monnaie et nous l'excitons à la prendre.

Fig. 6.

Il se passe aussitôt une scène assez comique : chaque fois que le sujet approche ses doigts de l'objet, ils sont repoussés et se crispent (fig. 6) au point de ne pouvoir se réunir et, par conséquent, saisir l'objet.

Si, maintenant, après avoir enlevé les pièces nous plaçons la main du sujet sur le barreau supérieur de la chaise, et que nous lui ordonnions de la soulever, il le fera aisément, mais il n'en sera plus de même chaque fois que nous aurons fait retomber la pièce sur la chaise, et, malgré les plus grands efforts, il ne pourra plus la soulever.

Catalepsie. — Pour produire ce phénomène sur les bras, par exemple, on prend, l'un après l'autre, ceux du sujet, et on y fait de légères frictions, avec la ferme volonté d'obtenir la catalepsie. L'effet désiré ne tarde pas à se manifester, et le patient est dans l'impossibilité de mouvoir ses membres supérieurs. On peut continuer l'opération sur les cuisses et les jambes, et, si le sujet étant assis, on a eu soin de faire l'expérience en étendant ses jambes de façon à leur faire former un angle droit avec le tronc, la position occupée par l'hypnotisé est fort drôle, et il la conserve aussi longtemps qu'on le veut.

Nous arrivons, maintenant, à une série d'expériences, non moins curieuses, mais encore plus comiques que celles que nous avons décrites jusqu'ici. Nous conseillons à ceux qui voudront les tenter de ne les faire, pour réussir plus sûrement, que sur des sujets déjà entraînés.

Scène du duel. — Nous prenons deux cannes (ou deux épées), nous en donnons une à notre adversaire, et nous l'invitons à se mettre en garde. Nous touchons sa canne avec la nôtre, et nous cherchons, *par la volonté*, à lui faire prendre une direction déterminée. Quand nous avons obtenu ce résultat, notre adversaire est en notre pouvoir;

car son bras est contracturé. Nous augmentons la contracture par la *suggestion verbale* en narguant le sujet, en lui disant, par exemple : « Essayez donc de me toucher, vous n'y parviendrez pas ! », et le malheureux est incapable de nous effleurer la poitrine (fig. 7), sans que nous nous défendions, alors

Fig. 7.

qu'il est absolument incapable de parer aucun des coups que nous lui portons.

Nous conseillons d'employer des cannes, de préférence à des épées, pour cette expérience, puisque le résultat atteint sera le même dans les deux cas

Scène de l'ivresse. — Nous avons deux moyens, également sûrs, pour produire cet effet bizarre sur des sujets préparés par une série d'expériences. Tantôt, nous disons à l'hypnotisé, sur lequel nous *voulons* voir se manifester les symptômes de l'i-

vresse : « Mais, il me semble que vous êtes ivre ! »
Il proteste, mais il ne tarde pas à marcher de travers, à tituber. Si nous nous aidons de la *suggestion par gestes* et de la *suggestion par les paroles*, en lui disant qu'il va tomber et en faisant exécuter à nos mains un mouvement d'oscillation prononcée, nous le voyons bientôt trébucher et tomber. Tantôt, pour arriver aux mêmes résultats, nous appuyons la face interne de notre pouce, à la racine de son nez, et nous imprimons à sa tête un mouvement rotatoire.

Scène de la danse forcée. — Quand nous voulons faire danser, malgré elle, une personne déjà entraînée, nous nous plaçons en face d'elle, et nous battons la mesure de la danse que nous voulons lui faire exécuter ; en même temps, nous regardons ses jambes *avec la volonté* de les voir se mettre en mouvement. Au bout d'un instant, le sujet se voit forcé, malgré sa résistance, d'exécuter, plus ou moins bien, il est vrai, la danse que nous avons choisie.

Ce qui est vrai pour une seule personne, l'est également pour un certain nombre, mais elles doivent toutes avoir été préalablement entraînées, et quand on peut réunir plusieurs paires ou couples, le spectacle est encore plus intéressant.

Scène de la dame que nous forçons à venir nous embrasser. — Nous déclarons à une dame, autant que possible déjà entraînée, et qui, à ce moment, se trouve à la plus grande distance possible de nous, que, malgré sa résistance et quoi qu'elle fasse, elle sera forcée de venir nous embrasser.

Nous rapprochons deux chaises, et, après nous être assis sur l'une, nous indiquons l'autre, de la

Fig. 8.

main, à la dame (fig. 8). Elle ne tarde pas à éprouver un tremblement nerveux et, en dépit des rires, des plaisanteries des assistants, elle est contrainte d'obéir à notre volonté, en venant, d'abord, s'asseoir à côté de nous, pour ne pas tarder à appuyer sa tête sur notre épaule.

Scène du monsieur... ou de la dame qui se déshabille. — Nous ne parlerons que du monsieur, ce sera plus galant. Pour cette expérience, nous avons recours, à la fois, à la *suggestion mentale*, à la *suggestion par gestes* et à la *suggestion verbale*.

Nous nous plaçons en face du monsieur que nous *voulons* forcer à se dévêtir, et nous faisons, en face de ses bras (en parlant des coudes) des mouvements demi-circulaires, assez lents et répétés, en nous efforçant d'attirer ses mains vers les parties de la redingote que l'on saisit, d'habitude, pour l'enlever. Quand nous avons obtenu ce premier résultat, les mains du sujet se contracturent sur l'étoffe, et ne peuvent plus la lâcher. Nous rapprochons, alors, nos mains, pour les écarter aussitôt et leur faire décrire un demi-cercle, de dedans en dehors, c'est-à-dire dans la direction que nous voulons faire prendre à ses mains pour qu'elles enlèvent la redingote. Nous continuons nos gestes, sans oublier de dire, de temps à autre, au monsieur : « Allons, dépêchez-vous d'enlever votre redingote ! » Cette partie du vêtement enlevée, nous passons successivement aux autres, et en variant nos gestes (et nos paroles) avec le sens des mouvements que nous voulons faire exécuter, nous arrivons facilement à réduire le costume du sujet à sa plus simple expression.

Scène des deux inséparables. — Nous mettons, dos à dos, deux personnes entraînées, nous les immobilisons *par la pensée*, et nous leur annonçons qu'elles sont rivées l'une à l'autre et que, quoi-qu'elles fassent, elles ne parviendront pas à se séparer.

Nous assistons alors à un spectacle original : chacun des deux sujets tire de son côté, et c'est naturellement le plus fort qui entraîne le plus faible.

Scène des deux lutteurs. — Comme pour l'expérience précédente, nous prenons deux personnes entraînées. Nous les prions de s'enlacer, comme si elles voulaient lutter de force, et nous les invitons ensuite à essayer de se renverser. Comme nous *voulons* qu'elles ne puissent pas se séparer, elles demeurent, en quelque sorte, collées l'une à 'autre. Nous suivons attentivement les péripéties de la lutte, et, dès que nous voyons l'un des champions faiblir, nous le soutenons, *par notre volonté* et par des *gestes oscillatoires*, que nous faisons avec nos mains et avec notre corps.

Nous arrivons ainsi, sans la moindre difficulé, à faire renverser un colosse par un garçon de quinze ans.

Mutisme et bégaiement. — Pour obtenir ce phénomène, nous appuyons légèrement les doigts sous le menton du sujet, et nous titillons le muscle lingual. Dès que le sujet éprouve une sorte de gonflement, de la raideur ou de la lourdeur dans la langue, l'effet est produit ou va l'être. Il arrive souvent qu'il se produit si rapidement que le patient n'a pas le temps de nous en avertir : en un clin d'œil, sa langue est paralysée, et il est absolument aphone.

Pour produire ensuite un simple bégaiement, nous faisons quelques légères frictions dégageantes sur le cou, le long de la langue, et notre sujet est incapable de parler sans bégayer.

Surdité, cécité, perte du goût, de l'odorat.—Nous arrivons, de la même manière, par la simple application de nos doigts sur le sens que nous voulons paralyser, *et avec la ferme volonté de produire le phénomène* à obtenir la surdité, la cécité, la perte du goût, de l'odorat, etc.

Transmission de la volonté. — Nous avons choisi cette dénomination pour une expérience que nous avons faite récemment, et pour la première fois, à Saint-Étienne, où elle obtint un immense succès, Il ne s'agit pas ici de ce que l'on entend ordinairement par « transmission de la pensée », car nous n'avons pas besoin d'endormir le sujet, et il n'est pas nécessaire qu'il soit d'une grande sensibilité pour que l'expérience réussisse. Tout ce que nous lui demandons, c'est d'être d'une docilité, d'une passivité absolue (ce n'est que pour cette expérience que nous exigeons la passivité), car, s'il opposait la moindre résistance, l'expérience échouerait infailliblement.

Voici comment nous procédons: nous recommandons à notre sujet de ne pas résister, de s'attacher à se rendre compte des sensations qu'il éprouve, et d'obéir à l'idée du moment. Nous lui bandons ensuite les yeux et nous nous éloignons de lui, pour qu'il ne puisse pas entendre ce que les assistants pourraient nous demander de lui faire faire. Nous le rejoignons ensuite ; nous prenons sa main gauche dans la nôtre et nous appliquons les doigts de notre main droite sur le poignet de celle que nous tenons dans notre main gauche. Nous exerçons, à la fois, une légère pression sur sa main et sur son poignet, et nous pensons, alors, fermement et constamment, sans changer, un instant, d'idée, à l'objet que nous voulons ou qu'on nous a conseillé de lui faire prendre, ou, suivant le cas, au mouvement que nous voulons lui faire exécuter. Si nous avons de la constance et que nous ne nous laissions pas distraire, nous remarquons que le sujet prend la direction voulue et fait ce que nous désirons.

Nous avons soin, pour assurer le succès de l'opération, de ne pas augmenter la pression, pendant l'épreuve, car nous risquerions de dérouter le sujet.

Quoique assez nombreuses, les expériences de « transmission de la volonté » sont limitées. Nous pouvons, par exemple, faire trouver un objet caché, ou le faire choisir au milieu de plusieurs autres; faire exécuter un mouvement quelconque, comme tirer la barbe ou les cheveux d'un assistant, lui prendre son porte-monnaie, sa montre, etc., etc. et faire ensuite porter ces objets à un endroit voulu, mais nous ne réussissons jamais, dans ces conditions, les véritables expériences de « transmission de la pensée », qui ne s'obtiennent que sur des sujets en état de somnambulisme, et encore assez rarement.

Suggestion (1er *degré, pendant la somnolence*). — Quand, après quelques instants d'hypnotisation, nous pouvons faire voir à un sujet qui subit notre influence, un objet quelconque dans un endroit où il n'y a rien, il nous est facile de faire des expériences de suggestion, et de les varier à l'infini. Mais nous devons dire qu'elles sont loin de réussir sur toutes les personnes impressionnables.

Voici comment nous procédons pour reconnaître, parmi nos sujets, ceux sur lesquels nous pouvons produire ces effets : nous invitons l'hypnotisé à fixer l'intérieur de notre main; puis, au bout de quelques secondes, nous lui demandons si celle-ci n'est pas devenue rouge, jaune, verte, etc., suivant notre inspiration du moment. S'il nous répond affirmativement, nous sommes certain de pouvoir lui suggérer tous les caprices de notre esprit. Ainsi, nous lui ferons voir la mer, un naufrage, un incendie, un jardin, des fleurs, des oiseaux, etc.; nous le ferons rire, chanter, pleurer; nous lui inspirerons, à tour de rôle, les sentiments les plus nobles et les passions les plus viles. En observant les traits du sujet, nous les verrons exprimer, suivant le cas, l'admiration, l'effroi, la joie, etc., en un mot, les sentiments et les sensations suggérés.

Or, que nous faut-il pour provoquer tous ces phénomènes? Il nous faut seulement *vouloir* et *commander au sujet de voir ou de faire ce qui nous passe par la tête.*

Sur certaines personnes très sensibles, on peut obtenir des effets d'un autre ordre, et reproduire les expériences que certains magnétiseurs ont faites et baptisées du nom de « transmission de la pensée. »

Nous les avons réussies, un certain nombre de fois, sur des sujets éveillés, mais, le plus souvent, elles ne réussissent que sur des personnes plongées dans le sommeil magnétique.

Voici comment nous tentons l'épreuve : *le sujet étant en léger somnambulisme,* nous nous mettons en contact avec lui, en lui prenant la main, et nous pensons à un objet, bien déterminé. Si, après un instant, il nous désigne ou nous dépeint, *spontané-ment,* l'objet pensé, nous avons quelques chances de réussir les expériences suivantes :

Nous traçons sur un tableau noir, ou sur une ardoise, des lettres, des chiffres, des figures géométriques, etc., à notre choix, et nous prions notre sujet de les reproduire. C'est ce qu'il s'empresse de faire, avec assez de régularité et de ressemblance.

Suggestion post-hypnotique (2e *degré, sommeil complet*). — Pour ces expériences, qui réussissent chaque fois, il ne faut recourir qu'à des sujets parfaitement endormis.

Elles sont, d'ailleurs, assez connues pour que nous n'en parlions qu'en passant.

Pour produire ces phénomènes, nous n'avons qu'à commander au sujet, *pendant son sommeil*, de faire telle ou telle chose, soit à son réveil, soit plusieurs heures, soit même plusieurs jours après, et, forcément, fatalement, il nous obéira et exécutera, à la lettre, ce que nous lui aurons ordonné de faire, et cela au jour et à l'heure indiqués par nous.

Avant de terminer ce chapitre et d'aborder celui de la *Thérapeutique hypnotique*, nous avons le devoir de répondre à ceux qui seraient tentés de nous reprocher de mettre l'hypnotisme à la portée de tout le monde.

Quelques pessimistes nous accuseront, sans doute, d'avoir fourni, par là, des armes redoutables aux gens malintentionnés auxquels il sera facile d'abuser du pouvoir qu'ils pourraient avoir sur d'autres personnes.

Nous ne faisons aucunes difficultés pour reconnaître que l'hypnotisme est, en effet, une science qui peut présenter des dangers sérieux, s'il est pratiqué par des gens peu scrupuleux ; mais, pourquoi n'en réglementerait-on pas l'usage comme on l'a fait pour la médecine ?

Si nous ne craignions d'être trivial, nous dirions qu'une des raisons qui nous ont décidé à publier ce livre, c'est que nous voulions « casser les vitres » afin d'obliger les savants à s'occuper sérieusement d'une question de premier ordre qui nous paraît appelée à faire une véritable révolution dans le domaine de la médecine.

D'ailleurs, si la divulgation de l'hypnotisme est un mal, le remède est tout trouvé, car, si, par suggestion, on peut contraindre un hypnotisé à commettre un vol ou un meurtre, on peut, tout aussi bien se servir de lui pour découvrir le coupable.

Une personne, qui a déjà été plongée dans le sommeil nerveux ou hypnotique, peut l'être à nouveau : le premier hypnotiseur ou le premier médecin venus, la forcera, après l'avoir rendormie, *et malgré toutes les suggestions contraires*, à dire la vérité, à faire connaître le véritable coupable. Nous n'avançons là rien que nous n'ayons personnellement contrôlé, et nous sommes convaincu que les gens malintentionnés y regarderont à deux fois, avant de suggérer à d'autres des actes criminels ou simplement répréhensibles, car ils risqueraient fort de ne pas donner longtemps le change à la justice.

Il nous reste à démontrer que l'hypnotisme peut rendre d'immenses services. C'est ce que nous allons entreprendre dans le chapitre suivant.

Nous n'avons nullement l'intention de donner ici la description des symptômes des maladies sur lesquelles le magnétisme exerce une puissante action. Nous nous bornerons à citer quelques affections et à indiquer les procédés grâce auxquels il sera possible au premier venu, pourvu qu'il ait un cœur compatissant, de guérir son semblable, dans beaucoup de cas, mais de le soulager toujours, s'il ne peut le guérir.

Comme nous l'avons déjà dit, cette force, cette influence, ou ce pouvoir (peu importe le nom !) est à la disposition de tous, à des degrés divers. Chacun peut, avec un peu de patience et de bonne volonté, enrayer par quelques hypnotisations les progrès d'une maladie, qui abandonnée à elle-même, ou laissée aux soins d'un médecin, pourrait devenir longue, sinon mortelle.

Personne n'ignore que, au début d'une maladie, le médecin est obligé, très souvent, d'attendre plusieurs jours avant de pouvoir formuler un diagnostic à peu près certain. Or, il arrive assez fréquemment que, quand les symptômes de l'affection sont suffisamment caractérisés, les remèdes sont déjà impuissants, et le malade meurt. Est-ce donc là ce qu'on attend du médecin et de sa science ?

Eh bien, l'hypnotisme peut, dans la plupart des cas, arrêter le développement de la maladie, et donner ainsi au médecin le temps de la reconnaître et la possibilité de la combattre plus efficacement.

Il n'est pas nécessaire que l'hypnotiseur soit au courant des prodromes ou des symptômes d'une affection pour qu'il puisse la guérir : le diagnostic est l'affaires des médecins. Il serait, certes, préférable que ces derniers seuls employassent l'hypnotisme ; mais, d'une part, dans ce siècle de progrès, la routine a encore énormément de partisans, et, de l'autre, l'exercice de cette science est fatigant, sans compter qu'il n'est pas loisible à tous les médecins d'hypnotiser tous leurs malades.

Nous ne désespérons pas de voir, un jour, et alors que l'hypnotisme fera partie du programme des études médicales, les docteurs envoyer leurs clients aussi souvent chez l'hypnotiseur que chez le pharmacien ; mais, en attendant cette transformation nécessaire de la thérapeutique, nous désirerions voir entrer l'hypnotisme dans les familles.

Sans médire de la médecine proprement dite (nous ne parlons pas de la chirurgie, qui a fait d'immenses progrès), nous avons le droit de constater que, dans le traitement de la plupart des maladies, elle en est encore à la période des tâtonnements. Les discussions auxquelles donnent lieu fréquemment, à l'Académie de médecine, les diverses méthodes thérapeutiques sont bien faites pour confirmer cette vérité.

Du diagnostic à la guérison, il y a loin; pour formuler l'un, le travail et la pratique suffisent; pour obtenir l'autre, il n'en est pas de même, et il n'y a rien de surprenant à cela, car les moyens d'action font, dans la plupart des cas, complètement défaut.

Puisque les médecins connaissent à merveille (bien qu'ils ne l'avouent pas) leur impuissance à guérir le plus grand nombre des maladies, avec les ressources dont ils disposent, pourquoi se refuseraient-ils à recourir à un procédé que leurs maîtres ne leur ont pas enseigné, parce qu'ils l'ignoraient, ou qu'ils l'ont repoussé et dédaigné ? Pourquoi ne renonceraient-ils pas aux vieux systèmes condamnés, aux vieilles doctrines, aux vieilles erreurs? Qu'ils ne se laissent pas, eux, des savants, devancer par des ignorants !

En ce qui nous concerne, nous tenons pour certain que l'hypnotisation pratiquée sur les enfants en bas âge, atteints d'affections dont le diagnostic et le traitement sont particulièrement difficiles, assurerait la guérison de soixante pour cent de ceux qui, avec les méthodes actuelles, sont fatalement emportés.

D'autre part, dans les névroses, la médecine officielle avoue qu'elle est impuissante. Eh bien, contre ces maladies aux aspects si variés, l'hypnotisme donnera toujours les résultats les plus merveilleux.

Nous allons aborder successivement le traitement hypnotique des fièvres et des maladies chroniques, pour terminer par celui des maux accidentels et des douleurs passagères.

Des fièvres en général. — Comme nous n'avons ni la prétention, ni l'intention d'écrire un livre de médecine, mais bien un traité pratique d'hypnotisme, nous n'entrerons pas dans la description détaillée des diverses fièvres dont chacun connaît d'ailleurs les principaux symptômes ; nous nous contenterons de dire que notre méthode s'applique, avec un égal succès, à ces affections, qu'elles soient aiguës ou chroniques.

Il ne nous a pas été donné d'essayer le magnétisme sur toutes les maladies, nous n'en avons pas eu l'occasion ; néanmoins, nous l'avons employé dans nombre de cas et, presque toujours, le succès a couronné nos efforts.

Pendant l'hiver de 1883-1884, à Marseille, nous avons soigné beaucoup de typhiques ; nous n'avons perdu qu'un malade sur plus de vingt que nous avons soignés par nos procédés hypnotiques.

Si nous n'avons pu essayer nous-mêmes les effets de cette force sur toutes les maladies, d'autres praticiens l'ont fait. Nous basant donc sur les affirmations de nos devanciers et profitant de leur expérience, comme d'ailleurs cela se pratique dans toutes les sciences, nous croyons qu'on peut guérir, par l'hypnotisme, toutes les maladies, en faisant cette restriction : qu'on ne peut guérir tous les malades.

Il faut, pour réussir, avoir du dévouement et vouloir fermement guérir le malade ; car, si on se contentait d'agir nonchalamment, sans volonté et sans énergie, on n'obtiendrait rien. Pour réussir, il faut avoir en quelque sorte le feu sacré et ne pas reculer devant la fatigue, parce que, dans toutes les maladies aiguës où le patient court le risque d'être emporté à chaque instant, il faut actionner longtemps : ce n'est qu'au prix de grands efforts que l'on peut arracher à la mort un être qui périrait peut-être sans notre secours, s'il n'avait à compter que sur les soins de la médecine des écoles.

A diverses reprises, nous avons vu des malades abandonnés par la science revenir à la vie après quelques bonnes hypnotisations. Combien de fois aussi avons-nous vu des symptômes alarmants disparaître après une seule hypnotisation. Là, où tous les remèdes pharmaceutiques avaient échoué, l'hypnotisme avait réussi à apaiser la douleur, à équilibrer les forces médicatrices de la nature et à calmer l'effervescence des humeurs ou du sang. Par notre action, nous abrégions considérablement la convalescence, le malade oubliait bientôt le danger couru et revenait à la vie comme par miracle.

Notre méthode de traitement est très simple et peut être employée par chacun. Des procédés compliqués ne pourraient que retarder les résultats.

Dans les maladies aiguës, qu'elles soient bénignes ou graves, nous prenons les pouces du malade, comme quand nous voulons produire le sommeil nerveux, et nous l'actionnons pendant un quart d'heure ou vingt minutes. Nous faisons ensuite successivement, et pendant le même laps de temps, d'abord de légères frictions depuis la tête jusqu'au bassin, puis de grandes frictions, à partir des épaules jusqu'aux extrémités inférieures. Nous terminons l'opération par un léger massage général, en commençant toujours par les épaules pour finir aux pieds.

Dans les cas graves de fièvres typhoïde, muqueuse, scarlatine, etc., dans toutes les fièvres

continues en un mot, nous actionnons fortement,
et nous répétons l'opération plusieurs fois par
jour. Dans cette catégorie de maladies, avant de
faire les grandes frictions, nous appliquons, pendant un bon quart d'heure, nos mains sur le ventre
du patient, de manière à faire pénétrer plus profondément le calorique que nous dégageons, dans
la partie la plus sérieusement atteinte. Nous ne
tardons pas à constater des déplacements de gaz,
des gargouillements. C'est là, pour nous, un indice certain de notre action, qu'accompagnent également une augmentation de la fièvre, de la transpiration et des sécrétions plus abondantes : les
urines seront fortement chargées et les selles plus
fréquentes.

Quelquefois, dans la fièvre typhoïde, si l'hémorragie nasale ne s'est pas déclarée, nous pouvons
la faire naître. Dans ce cas, elle ne sera ni de longue durée ni dangereuse ; mais, si elle est due à
la maladie, nous faisons tous nos efforts pour la
faire cesser, si elle dure trop longtemps. Pour
cela, nous faisons de grandes frictions pendant
quarante ou cinquante minutes, et quelquefois
davantage [1], nous déplaçons ainsi les matériaux
de la fièvre, nous les forçons à prendre une direction autre que celle que lui donnait la marche de
la maladie. Si, après deux ou trois hypnotisations,

1. Il nous est arrivé d'hypnotiser plus de trois heures.

nous n'avons pu arrêter l'hémorragie, nous pouvons considérer l'hypnotisme comme impuissant
à guérir le malade. Quand, au contraire, nous
parvenons à l'arrêter, et que nous faisons naître
les phénomènes évacuatoires décrits plus haut,
phénomènes que provoque habituellement l'hypnotisation, nous pouvons considérer la guérison
comme certaine ; il faut alors éviter avec grand
soin les rechutes, et empêcher le malade de commettre la moindre imprudence.

En résumé, dans les cas graves, si l'on veut obtenir d'heureux résultats, il faut répéter l'opération le plus souvent possible, au besoin trois ou
quatre fois par jour.

Dans les fièvres intermittentes, tierces, quartes,
etc., nous cherchons à produire, toujours avec les
procédés que nous avons indiqués, des accès fé-
briles artificiels. Nous n'attendons pas que l'accès
se déclare, nous le provoquons, et nous ne tardons
pas à être entièrement maître du mal. Quelquefois, une seule opération suffit pour guérir la maladie ; mais, le plus souvent, il faut la répéter plusieurs jours de suite, et quand nous avons obtenu
de la transpiration, ou quelques-unes des évacua-
tions dont nous avons parlé, le succès nous est
assuré.

Il nous est arrivé assez souvent, après une
dizaine de minutes d'hypnotisation, de provoquer

une exsudation si abondante et si nauséabonde que nous étions obligé de nous arrêter, et même de quitter la chambre du malade ; chaque fois que ce phénomène s'est produit, nous avons obtenu la guérison.

Dans le traitement par l'hypnotisme, on doit être sans inquiétude, si l'on fait naître quelque chose d'anormal : la nature nous aura senti, elle secondera nos efforts, et, aidée par nous, elle expulsera au dehors ce qui la gênait à l'intérieur. C'est ainsi que, si, par notre action, nous provoquons par exemple des vomissements, loin de nous en effrayer, nous devons les considérer comme absolument favorables au but que nous nous proposons.

Sur un sujet sain, l'hypnotisme, tel que nous l'entendons, détermine de la fièvre, puisqu'il produit toujours une augmentation de calorique ; il accélère les pulsations, et par conséquent il active la circulation, il n'y a donc rien d'extraordinaire si, sur un malade, il liquéfie, par la chaleur qu'il provoque, les humeurs que la maladie coagule et s'il rétablit le calme dans un organisme agité.

L'hypnotisme agit de tant de manières différentes qu'il est difficile d'établir une règle : chez les uns il agit d'une façon et détermine certains phénomènes ; chez les autres il n'agit pas de même et produit des phénomènes contraires ; il agit tantôt comme émollient, tantôt comme excitant, tantôt comme calmant, tantôt comme astringent, tantôt comme laxatif, tantôt comme soporifique, etc. ; en un mot, ses effets varient avec les tempéraments, et nous croyons qu'il n'agit pas deux fois de la même manière.

Dans les fièvres, il semble agir homœopathiquement puisqu'il provoque de la chaleur, de la fièvre : nous pourrions là appliquer la maxime des homœopathes : *Similia similibus curantur*. Dans beaucoup d'autres affections, il procède tout différemment et, de même que l'allopathie, il guérit les contraires par les contraires : *Contraria contrariis curantur*.

Nous n'avons pas l'intention d'entrer dans tous ces détails : nous savons que l'hypnotisme guérit, et peu nous importe que ce soit selon les principes de l'homœopathie ou de l'allopathie.

Maladies chroniques. — Nous devons déclarer tout d'abord que, quand sur le corps d'un malade il y a solution de continuité ou ankylose, l'hypnotisme est impuissant à produire la guérison. D'autre part, la phtisie pulmonaire et les maladies de cœur bien caractérisées sont rebelles à l'action hypnotique, et nous conseillons de s'abstenir de faire intervenir l'agent magnétique dans le traitement de ces maladies de langueur.

Mais, dans toutes les autres affections chroniques, l'hypnotisme peut rendre les plus grands services. Voici la manière de procéder : on applique ses mains sur le siège de la douleur, et le malade ne tarde pas à éprouver du soulagement. Ordinairement la douleur se déplace ; on la suit donc avec les mains, et bientôt elle fuit à leur approche. Il est bon de terminer chaque opération par un massage et des frictions qui consistent à presser plus ou moins fortement les muscles et à promener les mains sur les parties atteintes.

Dans les maladies chroniques, il n'est pas nécessaire d'hypnotiser le patient plusieurs fois par jour : une magnétisation d'une demi-heure, répétée chaque jour, est suffisante. Mais nous devons déclarer que le malade et l'opérateur doivent s'armer de patience, car ce n'est pas toujours après quelques hypnotisations qu'on obtient la guérison. Celle-ci exige, parfois, plusieurs mois de traitement hypnotique.

Dans les maladies nerveuses, à quelque catégorie qu'elles appartiennent, qu'elles soient anciennes ou récentes, l'hypnotisme agit avec une puissance et, quelquefois, avec une rapidité extraordinaires, pourvu qu'il n'y ait pas de lésion, tandis que les médecins, avec tous leurs remèdes, ne peuvent, le plus souvent, absolument rien contre elles.

La plupart du temps, ils considèrent ceux qui

déclarent souffrir de ces affections, comme des malades imaginaires, des hypocondriaques, des hallucinés, etc. Si cela est suffisant pour justifier leur impuissance ou leur inertie, à leurs propres yeux, cela ne l'est pas pour le soulagement ou la guérison de ceux qui souffrent.

L'anatomie du système nerveux est connue ; sa pathologie a encore des secrets, mais sa thérapeutique est absolument ignorée...

Tout le monde sait combien les névralgies, les migraines sont douloureuses. Or, que fait d'efficace contre elles le médecin ? Rien ou presque rien. Eh bien, il nous a été donné de faire cesser instantanément, par l'hypnotisme, des souffrances horribles, en présence de médecins qui se croisaient les bras. Nous avons également réussi à guérir des affections nerveuses qui duraient depuis plusieurs années.

Pour venir à bout de la grande hystérie, il faut s'armer de patience et chercher à produire, par la suggestion, des crises artificielles. Ce résultat obtenu, il est assez facile de faire perdre aux nerfs l'habitude de se contracter à heure fixe, et de se rendre ensuite maître du mal.

Dans les affections nerveuses, on doit, autant que possible, endormir les malades. Dans ce but, nous employons de préférence le contact des pouces et la fixité du regard, pendant un quart d'heure ; puis nous appliquons une de nos mains sur le cervelet, et l'autre sur le front pendant dix minutes. En réveillant le patient, nous avons soin de faire de grandes frictions pendant un quart d'heure sur tout le corps, après quoi nous pratiquons un massage général.

Quand nous soignons une personne atteinte de crise de nerfs, nous ne massons que légèrement ; mais si nous soignons un paralytique, nous massons longtemps et fortement le membre ou les membres malades. Nous avons obtenu ainsi des guérisons merveilleuses ; aussi conseillons-nous aux personnes qui voudraient essayer l'hypnotisme thérapeutique, de commencer leur apprentissage sur les maladies nerveuses, car la guérison n'est ordinairement pas longue à obtenir.

Il nous est impossible de rapporter ici une foule de guérisons qui ont fait quelque bruit, et de donner, dans cet ouvrage, le traitement de chaque maladie. Ce travail exige plusieurs volumes, et nous le remettons à plus tard. Pour cette fois, nous ne cherchons qu'à amener les gens de bonne volonté à expérimenter l'hypnotisme thérapeutique, et à vérifier l'exactitude de ce que nous avançons. Nous sommes sûr de recruter ainsi de nombreux partisans au magnétisme, et de ne plus voir autant de monde hausser les épaules et pouffer de rire quand nous affirmons que nous avons fait marcher des paralytiques, rendu la vue à certains aveugles, l'ouïe à des sourds, et guéri ou soulagé un grand nombre de malades.

Pourquoi le lecteur n'essaierait-il pas d'en faire autant, ne fût-ce que pour satisfaire sa curiosité ?

Maux accidentels et douleurs passagères.— L'hypnotisation agit avec une promptitude remarquable sur la courbature, le torticolis, les maux de tête, de dents, d'yeux, d'oreilles ; sur les entorses, les brûlures au premier degré, les douleurs dans les membres, les fluxions, les coliques occasionnées par une mauvaise digestion.

Quand la douleur n'est pas trop forte, on peut se soulager soi-même ; néanmoins, il est préférable de se faire actionner par un ami. Il n'est pas nécessaire que celui-ci connaisse les procédés hypnotiques pour soulager, pour faire du bien ; il suffit qu'il applique sa main sur la partie douloureuse, et qu'il *veuille fermement* soulager, guérir, pour que l'effet se produise rapidement.

Quand nous avons une douleur sur une partie quelconque du corps, nous nous empressons d'y porter la main. Si nous nous donnons un coup à la tête ou ailleurs, immédiatement nous appliquons notre main dessus et la douleur se calme ; si nous nous brûlons ou si nous nous blessons, nous avons recours aux mêmes moyens et nous éprouvons effectivement un soulagement. On le voit, l'instinct nous indique ce que nous avons à faire pour calmer notre souffrance, pour nous guérir : nous devrions toujours suivre les enseignements que la nature nous donne ; si nous ne le faisons pas, c'est notre ignorance seule qui en est la cause.

Eh bien, si, au lieu de ne laisser qu'un instant notre main sur l'endroit douloureux, nous l'y laissions plus longtemps, nous ferions disparaître entièrement la douleur.

La chose est si simple que, en raison même de sa simplicité, elle rencontre beaucoup d'incrédules qui, ne pouvant comprendre comment cet effet s'est produit, trouvent plus commode de nier que l'hypnotisme y soit pour quelque chose. Il leur serait, pourtant, bien facile de tenter l'expérience, avant de se prononcer.

Pourquoi, dans quel intérêt, chercherions-nous à mystifier le public ? Si nous nous réservions le monopole de nos procédés, nous comprendrions qu'on se défiât de nous, mais nous les dévoilons, nous les mettons à la portée de chacun, et la seule récompense que nous attendions, c'est la reconnaissance de ceux auxquels nous aurons fait un peu de bien.

Certes, nous dévoilons des choses extraordinaires, qui paraissent invraisemblables au prime abord ; mais, qu'aurait pensé un Parisien à qui on aurait dit, il y a dix ans, qu'il pourrait, un jour, de la place de la Bourse, tenir une conversation avec un de ses amis de Bruxelles ?

Dans ce livre nous faisons connaître une vérité utile à tous ; bien mieux, nous donnons l'outil et nous indiquons la manière de s'en servir.

Nous agissons comme Diogène quand, en présence du sceptique Zénon, qui niait le mouvement, il se mit à marcher devant lui, et lui prouva ainsi la réalité d'un fait qu'il niait un instant auparavant. Parmi ceux qui viennent à nos séances, il y a beaucoup de Zénons, qui ont des idées préconçues, et nous avons la satisfaction de les voir repartir, absolument convaincus, après qu'ils ont vu nos expériences.

Que tous ceux qui ont le cœur compatissant fassent de l'hypnotisme [1], et emploient cette force

---

1. Ce chapitre était terminé, quand nous avons trouvé, dans le *Figaro* du 27 juin 1887, l'entrefilet suivant que nous recommandons aux méditations des sceptiques.

« Le docteur Pozzi vient de faire une découverte qui permettrait, paraît-il, d'utiliser l'hypnotisme dans les opérations chirurgicales, et par conséquent de supprimer l'emploi du chloroforme.

Plusieurs méthodes pourront être suivies dans ce cas.

On peut d'abord accélérer la chloroformisation, en supprimant la période d'excitation et en faisant passer le sujet du sommeil hypnotique au sommeil chloroformique. Tous les chirurgiens ont vu des malades s'endormir brusquement après l'aspiration de quelques bouffées de chloroforme, alors que certainement celui-ci n'avait pas eu le temps de faire son effet. On s'est à présent rendu compte de ce fait : c'est le sommeil au soulagement de ceux qui souffrent, et le but que nous poursuivions en écrivant ce livre sera atteint.

hypnotique qui se produit avant le sommeil chloroformique.

On peut aussi produire l'insensibilité par l'hypnotisme seul, sans chloroforme ; mais l'insensibilité obtenue ainsi est le plus souvent unilatérale et ne peut servir que pour une opération portant sur un membre ; elle est rarement générale, ou alors elle est très incomplète.

Enfin, on peut modifier par suggestion les sensations du patient et lui éviter les angoisses de l'opération, dont on supprime ainsi même le souvenir.

Une expérience de ce genre vient d'être faite, à l'Hôpital temporaire, sur une femme hystérique qui a subi une opération pendant le sommeil hypnotique provoqué.

L'expérience a parfaitement réussi.

L'opération, suggestion comprise, a duré vingt minutes. Le réveil fut facile, La malade n'avait aucun souvenir de l'opération ni de ses douleurs ; on fut obligé de lui montrer son pansement pour la convaincre de l'opération. »

CONCLUSION

Les diverses somnambules « extralucides », ti-
reuses de cartes et autres « chiromanciennes » qui,
depuis si longtemps, exploitent la crédulité publique, ont jeté, cela est incontestable, beaucoup
de discrédit sur les découvertes de Mesmer et de
Puységur. Aussi, ne sommes-nous pas fâché d'a-
voir vu remplacer le mot magnétisme par celui
d'hypnotisme, qui aura acquis droit de cité, par
les services rendus, le jour où les masses apprendront qu'il n'est que le synonyme de l'autre.

Nous ne ferons pas aux charlatans en jupons
qui, dans des baraques foraines ou dans des ap-
partements luxueux, soutirent l'argent des ignorants, l'honneur de nous occuper d'eux : le bon
sens public a déjà, à peu près partout, fait justice
de leur effronterie. D'ailleurs, nous ne les avons mis
en question que parce qu'ils sont, en grande partie, responsables de l'incrédulité que rencontrent
aujourd'hui les phénomènes magnétiques.

L'hypnotisme a deux catégories d'adversaires : ceux qui le nient *a priori* et qui prétendent que c'est affaire de *trucs* et de compérage, et ceux qui, admettant la réalité des phénomènes qu'ils ont vus, n'ajoutent pas foi à ceux dont ils n'ont pas été témoins.

Parmi les premiers, il y a, chose pénible à dire, des savants, ou des gens qui passent pour tels. C'est à eux, surtout, que nous devons dire que, depuis quelques années, on s'occupe *très scientifiquement* d'hypnotisme, et cela, non seulement à Paris, mais encore dans toutes les grandes villes du monde civilisé ; que des médecins, célèbres à juste titre, des chercheurs consciencieux font chaque jour des expériences absolument extraordinaires.

Nous comprenons très bien le scepticisme des personnes qui ne se tiennent pas au courant des progrès qui s'accomplissent dans toutes les branches de la science, mais, nous le répétons, il nous est pénible de voir des savants nier l'évidence.

Quant aux demi-sceptiques, à ces Saint-Thomas de l'hypnotisme qui ne croient que ce qu'ils voient, nous sommes, dès maintenant, rassuré sur leur compte, car, après l'apparition du *Nouvel hypnotisme*, ils pourront « voir » tout ce qu'ils désireront.

Nul ne nous contredira, si nous disons que le *Temps* est un journal sérieux. Eh bien, voici ce qu'il publiait, dans ses numéros des 22 et 23 août 1885, à propos du congrès tenu à Grenoble, par l'Association française pour l'avancement des sciences :

« Des faits aussi nouveaux qu'extraordinaires viennent d'être présentés au congrès de Grenoble par les docteurs Bourru et Burot, membres de l'école de médecine navale de Rochefort. Beaucoup de gens se permettent de mettre en doute l'effet de bien des médicaments introduits dans l'organisme. Il s'agirait maintenant de montrer qu'ils peuvent, au contraire, agir sur l'organisme sans même le toucher ; tout au moins cela pourrait arriver chez les hystériques, ce qui est déjà bien suffisamment extraordinaire.

» Les observations de MM. Bourru et Burot ont été faites dans des conditions absolument scientifiques et avec une rigueur de méthode très suffisante. Elles ont porté principalement sur deux sujets hystéro-épileptiques.

» Le premier malade est un jeune homme de vingt-deux ans, engagé par accident dans l'infanterie de marine et soigné comme soldat dans le service de la clinique médicale de l'hôpital de Rochefort. Né à Paris, de mère hystérique et de père inconnu, il a passé une partie de son enfance à Luisant, près Chartres ; sa mère le maltraitait et il était devenu vagabond. Vers l'âge de neuf ans, il est condamné pour vol à la détention dans une maison pénitentiaire. Il est envoyé à Saint-Urbain (Haute-Marne), dans une colonie pénitentiaire agricole ; il travaillait bien, mais il éprouvait de temps en temps des malaises et des crachements de sang. A l'âge de quatorze ans, il a une frayeur extrême à la vue d'une vipère qui lui avait enlacé le bras gauche, et dès ce moment il éprouve une série de crises d'hystérie à la suite desquelles il devient paralysé des deux jambes. Il est alors dirigé sur l'asile de Bonneval (Eure-et-Loir) ; il reste paralysé des jambes une année, et, pendant ce temps, on lui fait apprendre le métier de tailleur. Un jour, il est pris d'une crise qui dure cinquante heures et à la suite de laquelle il n'est plus paralysé ; il se lève, s'habille tout seul, et, chose étrange, il ne reconnaît pas l'endroit où il se trouve ; il se croit à Saint-Urbain et ne sait plus coudre. C'est le cas de double conscience signalé par M. Camuset. Il reste à Bonneval, dans son nouvel état, jusqu'à l'âge de dix-huit ans. Il passe quelque temps à Chartres, chez sa mère, puis on l'envoie à Mâcon, chez un grand propriétaire agricole ; il tombe malade et est dirigé sur l'asile de Bourg, où il reste quelques mois ; il revient à Mâcon, tombe encore malade et est dirigé sur Paris. Il entre à Bicêtre, où il reste plus de deux ans dans le service de M. J. Voisin. Il s'échappe, se fait engager dans l'infanterie de marine et arrive à Rochefort au mois de janvier dernier. Le 27 mars, il entre à l'hôpital en observation, et, dès son entrée, il est pris d'une série de crises d'hystéro-épilepsie à la suite desquelles il est paralysé et insensible de toute la moitié droite du corps.

» En présence de cette paralysie, dont la nature hystérique n'était pas douteuse, le premier soin qui s'imposait aux observateurs était d'essayer l'action des métaux. Le zinc, le cuivre, le platine, le fer, furent sensiblement actifs, quoiqu'à des degrés inégaux ; mais l'action de l'or fut particulièrement frappante, car non seulement un objet d'or, au contact de la peau, produisait une brûlure intolérable, mais encore à une distance de 10, 15 cent., la brûlure était ressentie, même à travers les vêtements, même à travers la main fermée de l'expérimentateur. Le mercure, dans la boule d'un thermomètre, approché de la peau, mais sans contact, déterminait de la brûlure, des convulsions et une attraction du membre. On eut naturellement l'idée d'essayer les composés métalliques. Le chlorure d'or, dans un flacon bouché à l'émeri, approché à quelques centimètres. avait une action fort analogue à celle de l'or métallique. Mais, en approchant du sujet un cristal d'iodure de potassium, il se produisit des bâillements et des éternuements répétés. On avait dès lors l'action physiologique connue de l'iodure de potassium irritant la muqueuse nasale. C'était un résultat bien imprévu, mais on fut encore bien plus surpris quand on vit l'opium faire dormir, par simple voisinage.

» Ces faits étaient si surprenants que les observateurs eux-mêmes n'osaient pas tout d'abord les affirmer ; ils en croyaient à peine le témoignage de leurs sens ; les expériences furent multipliées dans les conditions les plus variées, en présence de leurs collègues, admis non seulement à observer, mais encore à expérimenter eux-mêmes dans les contre-épreuves les plus difficiles qu'ils pouvaient imaginer et qu'ils ont toutes acceptées.

» Après plusieurs mois de recherches ininterrompues et de prudente réserve, MM. Bourru et Burot ont eu la bonne fortune de rencontrer un second sujet hystéro-épileptique, qui donnait les mêmes réactions que le premier.

» Ce second malade est une femme âgée de vingt-six ans. Née dans le département de l'Orne, et élevée à Alençon, elle aurait eu des crises de nerfs vers l'âge de onze ans. Elle habite Paris pendant plusieurs années, et, à l'âge de dix-huit à vingt ans, elle a de grandes crises qui la forcent à entrer à la Salpêtrière, dans le service de M. Charcot, où elle passe dix-huit mois. Au moment où on l'observe à Rochefort, elle est insensible de toute la moitié droite du corps et, par contre, d'une sensibilité excessive à gauche, où le contact ne peut être supporté. C'est, comme le premier sujet, une hystérique de premier ordre et tout à fait déséquilibrée.

» MM. Bourru et Burot avaient donc entre leurs mains deux sujets à peu près identiques et sur lesquels ils pouvaient établir les expériences de contrôle les plus diverses. Les résultats ont été les mêmes chez les deux malades, à quelques différences près, que nous sigualerons.

» Ne craignant plus alors de se compromettre en donnant de la publicité à des expériences hâtives, incomplètes et douteuses, même pour eux, ces observateurs ont prié le directeur de l'École de médecine navale de Rochefort, M. le docteur Duplouy, de vouloir bien assister à une expérience de contrôle. M. le docteur Duplouy, absolument incrédule et craignant un entraînement irréfléchi pour son école, avait exigé les conditions les plus rigoureuses ; toutes les personnes susceptibles d'influencer le sujet devaient être écartées ; un silence absolu devait être observé. L'expérience eut lieu en présence du directeur, des professeurs, des agrégés de l'École et d'un grand nombre de médecins et de pharmaciens de la marine. L'autorité scientifique de cette assemblée avait pour eux la plus haute importance. L'expérience fut décisive et concluante. Un flacon, contenant du jaborandi et apporté par un assistant, et approché du sujet par une autre personne, détermina presque immédiatement de la salivation et de la sueur. Un expérimentateur, ayant dans sa poche deux flacons de même grandeur, enveloppés de papier, et voulant mettre le sujet sous l'influence de la cantharide, le voit partir comme s'il était influencé par la valériane ; l'expérimentateur est tout bouleversé, tout le monde regarde et constate qu'au lieu de présenter le flacon de cantharide, comme il en avait l'intention, il avait présenté le flacon de valériane. Tous les spectateurs sont partis convaincus, et M. le directeur Duplouy a déclaré publiquement qu'il était convaincu malgré lui.

» Depuis ce moment, un des sujets a été transféré à l'asile de Lafond (La Rochelle), où M. le docteur Mabille, directeur de l'établissement, a répété toutes les expériences. Il a même rendu témoin de ces faits la Société de médecine et la Société des sciences naturelles de La Rochelle. Ici, comme à Rochefort, les résultats ont été nets et concluants.

» MM. Bourru et Burot ne se dissimulent pas qu'ils sont bien loin d'avoir posé les lois des actions des médicaments et des poisons agissant à distance ; plus loin encore d'avoir découvert leur explication ; mais il leur a paru utile de publier ces recherches sans attendre davantage, ne serait-

ce que pour les faire contrôler par les savants les
plus autorisés, pour susciter des études plus appro-
fondies et encore à cause des conséquences extrêmement importantes qui semblent découler des
faits observés.

» Après bien des tâtonnements et des essais, ces
observateurs sont arrivés à fixer les premières lois,
les plus élémentaires, de la méthode expérimentale
à employer.

» Tout d'abord, ils mettaient la substance en contact avec la peau ; puis l'activité du mercure
enfermé dans la boule du thermomètre leur montra
à employer des flacons de verre bouchés herméti-
quement, enveloppés de papier, pour que le sujet,
les assistants et souvent l'expérimentateur lui-
même ne pussent soupçonner la substance expéri-
mentée.

» L'action de l'or s'exerçant à 5 et 10 centimètres de distance apprit à présenter le flacon sans
contact avec la peau, en regard même de régions
recouvertes par les vêtements.

» L'énergie de certains poisons, comme les alca-
loïdes, les huiles essentielles, démontra qu'il était
préférable d'employer des solutions étendues plutôt que la substance elle-même. On évite ainsi des
actions brutales, toxiques, qui quelquefois ne
seraient peut-être pas sans danger, et toujours
substitueraient des impressions et des réactions

violentes, mais banales, aux effets plus mitigés, mais caractéristiques.

» La substance paraît agir à quelque point du corps qu'elle soit présentée, mais il semble que l'action est plus rapide et l'application plus facile près de la tête. Ainsi le procédé expérimental consiste à attirer l'attention du malade par quelque objet intéressant pour lui, pendant qu'une autre personne présente une substance médicamenteuse enveloppée dans du papier ou enfermée dans un flacon bien clos à une petite distance derrière la tête. Au bout de deux ou trois minutes, quelquefois moins, l'action commence.

» La première période de l'action est tout à fait banale : les sujets deviennent insensibles, immobiles et inconscients ; les troubles de mouvement et de sensibilité qui leur sont habituels disparaissent complètement. Puis bientôt se déroule un tableau qui rappelle en partie les actions physiologiques et toxiques connues, auxquelles s'ajoutent, pour la plupart des substances, des phénomènes tout nouveaux, quelques-uns extrêmement énergiques.

» La plus grande difficulté consiste à distinguer l'accessoire du principal. Ainsi, dans la phase prodromique de leur action, les substances actives agissent de cette manière banale ; parfois elles produisent des phénomènes qui rappellent l'attaque d'hystérie, des grands mouvements et des contorsions, d'autrefois le sommeil ou le délire ; mais tous ces phénomènes se distinguent de ceux de l'attaque d'hystérie par leur lenteur et leur évolution même. Ce sont là les premières réactions du système nerveux, variables avec les sujets. Bientôt, à ces phénomènes sans caractère, succèdent des actions spécifiques que ni le sujet ni l'expérimentateur ne peuvent faire varier. Ce sont celles qu'il est important de dégager de tout ce qui est accessoire et que l'on peut mettre en relief dans un coup d'œil d'ensemble.

» Tous les narcotiques font dormir, mais pour chacun d'eux le sommeil a un caractère propre. Avec l'opium, le sommeil est lourd et le réveil ne peut être provoqué ; le sujet, en se réveillant, est fatigué et éprouve de la pesanteur de tête. Avec le chloral, il est plus léger et peut facilement se dissiper. La morphine détermine un sommeil analogue à celui de l'opium et qui peut être atténué par l'atropine. La narcéine produit un sommeil spécial avec salivation ; le réveil est brusque et le regard anxieux ; le sommeil de la codéine, de la thébaïne et de la narcotine s'accompagne de convulsions plus ou moins généralisées.

» Les vomitifs et les purgatifs ont aussi dans leurs effets des différences sensibles. L'apomorphine détermine des vomissements très abondants, sans effort, suivis de céphalalgie et de tendance au sommeil. L'ipéca produit de la salivation, des vomissements moins abondants avec goût spécial à la bouche. L'émétique amène surtout des nausées avec état de prostration. La scammonée détermine des contractions intestinales appréciables pour l'expérimentateur.

» Les alcools ont présenté des actions bien nettes. L'alcool de vin, sous ses différentes formes, a toujours donné une ivresse gaie ; l'alcool de grains, au contraire, une ivresse furieuse et une véritable scène de rage. L'aldéhyde a déterminé presque instantanément un état de prostration complète, avec respiration stertoreuse, impossibilité de parler et figure hébêtée. L'absinthe a donné une paralysie des jambes.

» Les antispasmodiques ont donné des actions bien imprévues. L'eau de fleur d'oranger, le camphre, se sont montrés de véritables calmants en provoquant un sommeil tout à fait naturel. L'eau de laurier-cerise a déterminé chez la femme des phénomènes si surprenants qu'on les a étudiés à plusieurs reprises et analysés dans tous leurs détails. C'est d'abord une extase religieuse, qui commence presque instantanément et qui dure plus d'un quart d'heure. Quelques secondes après l'application de la substance, les yeux regardent en haut, les bras se lèvent très lentement, les mains tendues vers le ciel ; la figure extatique respire la béatitude ; les yeux sont mouillés de larmes. La position change et est en rapport avec l'objet invisible qu'elle ne veut quitter des yeux ; les mouvements sont très lents ; elle tombe à genoux, la tête se fléchit, les mains se rapprochent des lèvres ; elle est dans l'attitude de la prière. Bientôt elle se prosterne en adoration ; elle pleure, la tête touchant à terre. L'expression de la physionomie varie : elle est en rapport avec l'attitude, qui est celle de l'adoration, de la supplication, de la prière et du repentir. Plus tard elle se renverse en arrière, s'étend à terre, les bras ramenés sur la tête ; en ce moment surviennent des mouvements convulsifs des muscles thoraciques et du diaphragme ; l'expression de la physionomie est celle de la douleur. Enfin survient un sommeil calme. Quand elle est encore sous l'influence de cette hallucination, on la somnambulise et on lui demande ce qu'elle vient de voir. Elle répond qu'elle a vu Marie, la sainte Vierge, vêtue d'une robe bleue avec des étoiles d'or, les cheveux blonds et une belle figure rosée. Elle est si bonne, si douce, qu'elle voudrait toujours la voir. Malheureusement, elle n'est pas de sa religion (cette femme est israélite). Elle lui a reproché la vie de désordre qu'elle menait ; elle lui a dit de prier jusqu'à ce qu'elle change de conduite ; elle lui a donné sa bénédiction ; enfin, elle l'a renversée en arrière, parce qu'elle était une pécheresse. A son réveil, elle se moque des personnes qui lui parlent de la Vierge.

» Ce tableau a vivement frappé les observateurs. Ils étaient loin de s'attendre à une extase d'ordre religieux chez une fille de mauvaise vie et surtout israélite. Aussi on a répété l'expérience bien souvent, et toujours avec le même résultat. Chaque fois, elle dit exactement le nombre de fois qu'elle a eu cette vision.

» Tout d'abord on a cru que c'était l'acide cyanhydrique contenu dans l'eau de laurier-cerise qui produisait l'extase.

» L'acide cyanhydrique, en solution dans l'eau à faible dose, a déterminé d'emblée des convulsions thoraciques. L'huile volatile de laurier-cerise, diluée dans l'eau, a déterminé immédiatement l'extase sans produire les convulsions terminales ; la vision est la même : c'est toujours la Vierge.

» L'analyse physiologique de l'eau de laurier-cerise était faite : l'huile essentielle étendue produisait l'extase et l'acide cyanhydrique les convulsions.

» Pour compléter cette analyse, il restait à essayer l'essence de mirbane ou nitro-benzine qui a la même odeur que l'eau de laurier-cerise, mais qui a une composition différente. L'essence de mirbane, diluée dans l'eau, détermine des secousses convulsives dans tout le corps ; les yeux sont à demi ouverts. Bientôt on observe un tremblement rythmé du bras droit ; puis le bras se lève, comme si le sujet exécutait un dessin ; la tête se soulève légèrement ; parfois il se produit un léger tremblement du bras gauche. Elle dit qu'elle vient de faire un dessin ; l'hallucination est donc toute différente, bien que l'ardeur soit la même.

» Chez l'homme, l'eau de laurier-cerise n'a pas déterminé l'extase, mais des convulsions thoraciques presque immédiates, hoquet, salivation et picotement à la poitrine. L'huile volatile de laurier-cerise n'a produit que de l'excitation sans extase. L'essence de mirbane a donné les convulsions des bras avec la même hallucination de la leçon de dessin.

» La valériane, généralement considérée comme calmant, a produit chez les deux sujets une violente excitation avec phénomènes bizarres analogues à ceux qu'elle produit chez le chat. Le sujet fait des mouvements de manège avec reniflements bruyants ; il gratte la terre avec les deux mains, fait un trou et cherche à y mettre le visage. Si on cache un flacon de valériane, il le cherche en reniflant ; arrivé près du flacon, il se jette sur lui, gratte la terre et recommence la scène. Le flacon, caché de différentes manières, a toujours été retrouvé ainsi, parfois hors de la volonté de l'expérimentateur.

» Les diverses essences ont présenté cette particularité importante : concentrées, elles provoquent de grands mouvements, des contorsions et des hallucinations tristes ; diluées, elles produisent des mouvements doux et lents dont la succession constitue un véritable tableau avec des hallucinations gaies.

» Les anesthésiques ont produit de l'excitation très marquée, rappelant la première période de l'anesthésie chirurgicale avec sommeil consécutif.

» Les excitants ont aussi leurs effets particuliers : le phosphore donne un tremblement général avec hallucinations terrifiantes ; la cantharide produit une excitation que le camphre arrête instantanément.

» Enfin, diverses substances ont des actions physiologiques absolument spéciales. La vératrine produit l'enchifrènement, le picotement des narines avec troubles de la vue. La jaborandi et la pilocarpine font suer et saliver avec action saccharifiante de la salive.

» Dans tous ces phénomènes, les auteurs distinguent les actions psychiques qui consistent en hallucinations très variables et probablement spéciales au sujet, et des actions physiques dont les principales sont : la salivation, le vomissement, les contractions intestinales, l'éternuement, le bâillement, le sommeil, la sueur, l'enchifrènement.

les troubles de la vue, la titubation alcoolique.

» Ce sont ces dernières manifestations qu'ils se sont attachés à constater rigoureusement et qui paraissent au-dessus de toute contestation, car elles défient toute supercherie.

» Certaines questions relatives à la dose, à la durée et au lieu d'application devaient naturellement se poser. Les doses suffisantes pour agir ne peuvent encore être déterminées ; on sait cependant que 1 gr. d'alcool dans 100 gr. d'eau n'a rien produit; ni même 5 gr.; il a fallu arriver à la dose de 15 gr. à 20 gr. pour obtenir une légère ivresse. La durée d'application varie beaucoup avec le sujet ; elle est courte quand le flacon peut être maintenu, sans oscillation, en regard d'une partie découverte du corps. Le choix des points d'application reste encore à déterminer; on croit cependant que les substances agissent aussi bien à n'importe quel point du corps.

» Tels sont les résultats obtenus sur les deux principaux sujets; mais on a étendu les recherches sur des malades moins sensibles que les premiers, et, si on n'a pas toujours obtenu des effets aussi nets sur tous, on peut dire que tous ont été influencés.

« Une hystérique simple a été endormie par un flacon de chloral placé dans ses mains ; le sommeil a été assez lent à se produire, mais il a présenté les mêmes caractères que chez les deux premiers sujets.

» Dans le service de M. Dumontpallier, l'opium a déterminé le sommeil chez un hystéro-épileptique. Dans le service de M. Charcot, une femme soumise à l'alcool a présenté un sommeil invincible, puis de la titubation, de la pesanteur de tête, ivresse agréable, modérée, avec vomissements, symptômes que l'ammoniaque a fait cesser. Une autre femme, hystéro-épileptique également, a été instantanément influencée par l'alcool : pesanteur de tête, titubation intense, ivresse, efforts de vomir répétés. Sur une malade du service de M. Brouardel, l'action de l'alcool a surtout porté sur les jambes ; elle ne pouvait se tenir debout ; la valériane a donné une pesanteur de tête, de la somnolence et une sorte d'ivresse. L'eau de laurier-cerise, chez une hystérique, produit des fourmillements, de l'agacement partout, battements de cœur, extrémités froides, tremblements, abrutissement, tendance au sommeil. Chez un jeune homme hystéro-épileptique, l'iodure de potassium a produit des vertiges et une pesanteur de tête pendant plusieurs heures.

» Ainsi, si les grands effets ne se produisent que chez un très petit nombre de malades, on peut croire qu'il peut se produire une influence, si légère quelle soit, sur la plupart des hystériques.

» L'explication de ces faits presque surnaturels est difficile à donner. Les auteurs se défendent d'avoir une opinion arrêtée, mais ils croient utile de signaler les principales théories qui peuvent être invoquées et qui sont au nombre de trois : 1° la théorie de la suggestion ; 2° la théorie des vibrations ; 3° la théorie de la force nerveuse rayonnante, ou plutôt du champ nerveux.

» La théorie de la suggestion, tout en étant réservée, est difficile à admettre, en présence des faits signalés. Dans tous les cas, la suggestion médicamenteuse est d'un ordre absolument nouveau, car on produit des effets sans parole et même sans pensée, puisqu'il était impossible au premier expérimentateur de penser au tableau très complexe qui allait se dérouler. En admettant la possibilité de produire chez un sujet des suggestions mentales et en état de veille, encore faut-il que l'idée qui doit passer dans le cerveau du sujet existe préalablement chez celui qui fait la suggestion. Or, qui eût pu imaginer les tableaux qu'allait dérouler l'application de la valériane, de l'eau de laurier-cerise, de la cantharide, de l'alcool? Tout était extraordinaire et imprévu. Plusieurs fois on a chargé des personnes ne soupçonnant aucun de ces phénomènes de présenter une substance, et le résultat n'a pas été modifié. Il est même arrivé aux observateurs de ne pas connaître la substance contenue dans le flacon, et le sujet n'a pas moins donné la réaction du médicament.

» La théorie des vibrations, déjà mise au jour par M. Vigouroux pour expliquer l'action de l'aimant, peut être aussi discutée et appropriée à ces faits ; mais elle paraît bien insuffisante. M. Vigouroux lui-même avoue que cette idée des vibrations nous offre un moyen de comparaison ou de représentation schématique, mais non une explication que, dans l'état actuel de la science, ce n'est rien expliquer que de dire d'un phénomène qu'il est de nature vibratoire, car tout est vibratoire.

» Enfin, il reste une dernière théorie, c'est celle de la force nervique rayonnante développée par M. Baréty, de Nice, en 1881. L'idée de l'extériorisation du fluide nerveux à distance offre de puissantes analogies avec certains faits physiques bien connus. Une boule d'eau chaude rayonne de chaleur ; l'aimant a un champ magnétique. La force accumulée dans ces appareils rayonne au delà, et les corps qui se trouvent dans un rayon déterminé subissent son action. Il est vrai que, si la force nerveuse rayonnante est soupçonnée, son existence est loin d'être démontrée. Mais il est aussi impossible aux physiciens de prouver directement l'existence de l'éther, du champ magnétique, qu'il est difficile aux physiologistes de prouver d'une manière directe le champ nerveux humain. On soupçonne l'existence de l'éther par ses effets ; on admet les forces magnétiques à distance sans les voir, en constatant que le fer placé dans une zone déterminée est attiré. De même, s'il est bien établi qu'une substance agit à distance sur le corps humain, c'est qu'il existe quelque chose qui puisse être impressionné. Cette zone impressionnable ne serait appréciable que dans les conditions de développement des forces nerveuses particulières aux hystériques. Dans ces conditions, les phénomènes des médicaments agissant à distance s'expliquent aisément ; ils sont plongés directement dans une zone nerveuse qu'ils impressionnent en déterminant des actions physiologiques spéciales, surtout d'ordre nerveux. Cette théorie est celle à laquelle les auteurs semblent donner la préférence, tout en déclarant qu'elle n'est qu'une explication d'attente qui peut être acceptée tant que les faits ne lui seront pas contraires ; elle a l'avantage de donner une certaine direction aux idées et d'empêcher certains esprits de considérer ces faits nouveaux comme relevant fatalement du surnaturel et du merveilleux.

» Les conséquences pratiques de ces expériences nouvelles sont d'une très grande importance. On peut se demander d'abord comment ces sujets si impressionnables extérieurement peuvent vivre dans le monde entourés de substances qui peuvent les influencer ; mais, si l'on y regarde de près, on voit ces personnes se composer un genre de vie à part et éviter instinctivement tout ce qui peut leur nuire. On peut croire que les médicaments agissent dans certaines conditions plus facilement et plus rapidement à l'extérieur qu'à l'intérieur ; c'est un fait déjà soupçonné par certains auteurs, par Forestier, par Gubler. Ces faits pourront peut-être permettre de comprendre l'action locale des médicaments, de même que l'impressionnabilité de certains sujets aux substances médicamenteuses et toxiques.

» Enfin, la découverte de MM. Bourru et Burot est grosse de conséquences dans le domaine de la physiologie et de la psychologie humaine, et il est impossible de prévoir dès maintenant les fruits qu'elle pourra donner.

» Ajoutons que les sujets étudiés par MM. Bourru et Burot ont présenté d'autres phénomènes presque aussi curieux : par exemple, le détriplement de la personnalité et la production par suggestion plus ou moins analogues à ceux de la fameuse Louise Lateau, qui faisaient tant de bruit en Belgique il y a quinze ans.

. . . .

. . . .

» Dans la section de médecine, MM. Bourru et

Burot (de Rochefort) ont développé de nouveau l'histoire des stigmates sanguinolents provoqués par suggestion dont je vous parlais dans ma dernière lettre. Leur sujet atteint d'hystéro-épilepsie des mieux confirmées, se trouvait hémiplégique et hémianesthésique à droite. Les expérimentateurs savaient, par de nombreuses expériences, que, dans l'état de somnambulisme, la suggestion de toute sorte d'actes volontaires réussissait sans hésitation.

» Le 6 avril dernier, l'ayant mis en somnambulisme, on lui fit la suggestion suivante : « Ce soir, à quatre heures, après t'être endormi, tu te rendras dans mon cabinet, tu t'assoiras dans le fauteuil, tu te croiseras les bras sur la poitrine et tu saigneras du nez. » Le programme fut fidèlement exécuté, et quelques gouttes de sang sortirent de la narine gauche.

» Un autre jour, l'ayant mis encore en somnambulisme, condition nécessaire chez lui, le même expérimentateur traça son nom sur ses deux avant-bras avec l'extrémité mousse d'un stylet de trousse, puis lui fit le commandement suivant : « Ce soir, à quatre heures, tu t'endormiras et tu saigneras aux bras sur les lignes que je viens de tracer ».

» A l'heure dite, il s'endort. Au bras gauche, les caractères se dessinent en relief et en rouge vif sur le fond pâle de la peau, et des gouttelettes de sang perlent en plusieurs points. Après trois mois, les caractères sont encore visibles, bien qu'ils aient pâli peu à peu. A droite, côté paralysé, il ne paraît absolument rien.

» Depuis cette époque, le malade a été transféré à l'asile de Lafond (La Rochelle).

» M. le docteur Mabille, le distingué directeur de cet asile, a renouvelé l'expérience.

» Le 2 juillet, il trace une lettre sur chaque avant-bras; et, prenant la main gauche : « A quatre heures, tu saigneras de ce bras ». Prenant alors la main droite : « Et de celui-ci ». — « Je ne peux pas saigner du côté droit », répond le malade; c'est le côté paralysé. Avec une ponctualité sans réplique, à l'heure dite, le sang coula à l'endroit marqué à gauche; rien à droite.

» Enfin, notre confrère, ayant convié une quarantaine de personnes, dont vingt-cinq médecins environ, a répété devant eux cette expérience, au milieu d'un grand nombre d'autres, qu'il désirait soumettre à leur contrôle.

» C'était le 4 juillet; le sujet étant en somnambulisme, avec l'extrémité d'un crayon il trace une lettre sur le poignet gauche. « Tu vas saigner tout de suite du bras gauche », commande-t-il. « Cela me fait grand mal ». « Il faut saigner quand même ». Les muscles de l'avant-bras se contractent, le membre devient turgescent, la lettre se dessine rouge et saillante, enfin, des gouttes de sang apparaissent et sont constatées par tous les spectateurs. Toutefois, il faut signaler que, dans cette dernière expérience, il y eut une erreur de lieu. Ce fut la lettre tracée au voisinage, l'avant-veille, qui laissa suinter du sang. Peut-être la suggestion n'avait-elle pas été assez précise; peut-être l'exécution était-elle trop rapprochée du com-mandement, car c'était la première fois que la suggestion n'était pas faite pour un temps éloigné de quelques heures.

» L'un de nous était au nombre des témoins de cette expérience.

» Tout récemment, un phénomène des plus cu-rieux a été observé. M. le docteur Mabille dit un jour à ce malade de s'endormir à huit heures du soir et de ne pas se réveiller que le lendemain ma-tin à cinq heures; pendant ce temps, il serait in-sensible, n'entendrait pas et ne verrait pas. Il s'endort à l'heure indiquée, et toute la nuit s'est passée en une crise de somnambulisme des plus curieuses. Il a reproduit spontanément toutes les suggestions qui lui avaient été faites à Bourg, à Rochefort et à La Rochelle; la suggestion des stigmates, entre autres, a été reproduite, et, spon-tanément, l'hémorragie a eu lieu au point des an-ciennes cicatrices. C'est un cas de stigmates par

auto-suggestion. Cette dernière observation appar
tient à M. le docteur Mabille.

» En résumé, nous avons là un exemple très net
de stigmates provoqués et spontanés. La suggestion peut venir des autres, mais elle peut aussi
venir du sujet. Il faut remarquer que jamais, dans
toutes ces expériences, le côté anesthésié et paralysé n'a pu saigner, ce qui prouve une fois de plus
l'ischémie dans les parties paralysées et la congestion sanguine du côté hyperesthésié ».

On avouera que ce sont là des faits sérieux, qui
méritent toute créance, et nous ne les aurions pas
cités, s'ils nous avaient été personnels. Mais, maintenant, il nous est bien permis de dire que nous
avons répété ces expériences à Saint-Nazaire, en
présence d'une vingtaine de personnes, sur des
jeunes gens de la Société de gymnastique locale.
Nous étions assisté du docteur Gras et du comte de
Sousa; or, sans avoir préalablement plongé
nos sujets dans le sommeil nerveux, dans
l'état d'inconscience, nous avons admirablement
réussi.

Le docteur Dufour, médecin en chef de l'asile
Saint-Robert, à Grenoble, a, de son côté, renouvelé, avec un plein succès, ces expériences sur
quelques-uns de ses malades, *en employant notre
procédé*, qu'il affirme être supérieur au procédé
braidiste. Il vient d'en rendre compte dans une

brochure intitulée : *Contribution à l'étude de l'hyp-*
notisme.

Depuis un siècle, les magnétiseurs sincères ont
recueilli les preuves les plus convaincantes de
l'existence de la force magnétique et de ses bien-
faits. Plusieurs auteurs ont coordonné ces preuves
et les ont publiées. Nous aurions pu, nous-même,
citer un grand nombre de faits qui nous sont personnels et donner la preuve de ce que nous avançons,
mais ce n'était pas précisément là notre but.

Il n'est pas besoin d'être savant, d'avoir fait de
longues études, pour produire des phénomènes
hypnotiques ; il n'est pas nécessaire non plus de
se fier aux savants officiels, de se modeler sur eux
pour croire à telle ou telle chose : nous les avons
vus à l'œuvre, et nous savons combien de fois ils
se sont trompés.

N'avaient-ils pas nié la rotondité de la terre, la
circulation du sang, la vaccine, la vapeur?
N'avaient-ils pas proclamé les perruques plus salu-
bres que la chevelure naturelle? N'avaient-ils pas
proscrit l'usage de l'émétique, de l'antimoine, du
quinquina, de l'iode, de la quinine dont ils se servent aujourd'hui?

Il y a cinquante ans, les savants et les esprits
d'élite, Arago et Thiers, pour n'en citer que deux,
ne croyaient pas à l'avenir des chemins de fer.

Fulton, l'inventeur des machines à vapeur, ne

fût-il pas méconnu en France, et obligé de porter son invention ailleurs ?

Le savant abbé Moignot voyait avec peine détruire les télégraphes aériens, car il ne croyait pas qu'il fût possible d'établir le long des routes les fils électriques.

Voyez aujourd'hui les développements qu'ont pris les machines à vapeur dans toutes les branches de l'industrie ; osez supprimer le télégraphe électrique !

Le magnétisme lui aussi a été méconnu, et malgré ses détracteurs, malgré l'ostracisme dont l'ont frappé les savants officiels, il ne tardera pas à occuper sa place parmi les sciences modernes. C'est là notre espoir très fondé quand nous voyons avec quelle ardeur il est étudié et commenté par des savants de tous les pays, depuis quelques années.

Nous l'avons dit : il nous aurait été facile, en puisant un peu partout, de multiplier les preuves en faveur de l'hypnotisme. En effet, nous avons lu beaucoup d'ouvrages remplis de faits indéniables, mais comme nous savions qu'on reprochait aux auteurs de ces livres de ne pas donner une méthode expérimentale à la fois simple et sûre qui permît de vérifier ce qu'ils racontaient ; comme, d'autre part, ils déclaraient que, pour réussir, il fallait posséder des vertus assez rares, une foi aveugle, par exemple ; comme, enfin, ils envelop-

paient les phénomènes magnétiques de trop de
mystères, nous avons voulu nous aider principalement de nos expériences pour remédier à cet état
de choses, et combler une lacune regrettable.

En présence du succès qu'obtiennent nos séances publiques ; eu égard au nombre toujours crois-
sant des recrues que nous faisons au magnétisme
dans tous les pays que nous traversons, et étant
donné qu'il nous est impossible de fournir à chacun, de vive voix, toutes les explications que com-
portent nos procédés, nous nous sommes décidé à
écrire ce livre, afin de mettre l'hypnotisme à la
portée de tous.

Nous avons fait notre possible pour être clair, et
nous espérons y avoir réussi.

Nous avons indiqué et commenté les méthodes
de nos devanciers ; nous avons ensuite exposé les
nôtres : le lecteur comparera, mais nous ne
croyons pas trop nous avancer en affirmant que
les nôtres permettent d'arriver beaucoup plus facilement à obtenir des effets.

Nous n'avons certes pas rapporté toutes les expériences que nous faisons, toutes celles que l'on
peut faire : le cadre de cet ouvrage ne nous le permettait pas. Nous en avons dit assez cependant
pour être compris de tous, et il sera très facile à
ceux qui voudront s'occuper de cette science, à
ceux qui s'y intéresseront, de faire des expérien-

ces, de les multiplier, de les varier à l'infini. Nous avons dit que tout ce que l'imagination était capable de nous suggérer, dans le domaine du possible, nous pouvions le produire, cela nous paraît suffisant.

Depuis plus de dix ans que nous étudions et que nous pratiquons le magnétisme, nous avons acquis, surtout dans le domaine de l'expérimentation, des connaissances qui doivent nous donner une réelle supériorité sur les autres magnétiseurs ; et, comme nous n'avons en vue que le bien de notre cause, nous ne craignons pas de donner à tous le fruit de nos études, de notre travail, dans l'espoir de contribuer puissamment à la propagande du magnétisme.

Nous donnerons, en appendice, quelques attestations qui nous ont été délivrées, et un certain nombre de comptes rendus publiés par les journaux, à la suite de quelques-unes de nos séances publiques ou privées. Le lecteur pourra ainsi se faire une idée assez exacte de nos expériences, et il se trouvera encouragé à les répéter. Alors même qu'il n'obtiendrait pas, dès les premiers jours, tous les effets que nous produisons, ou que nous mentionnons dans notre livre, il n'en demeurera pas moins convaincu que nous n'avons rien avancé qui ne soit vrai. Quand le succès aura couronné ses efforts, il aura sûrement à cœur de nous aider à faire triompher la cause du magnétisme, qui a été méconnu jusqu'à ce jour, et il lui suffira pour cela de s'inspirer de la maxime du poète :

. . . . Labor omnia vincit Improbus.

APPENDICE

QUELQUES ATTESTATIONS

Digne, le 7 novembre 1885.

Nous attestons volontiers que M. Moutin a donné, dans notre Petit Séminaire, une séance fort intéressante de magnétisme. Les expériences qu'il a faites ont eu grand succès auprès de nos enfants, des professeurs et des prêtres de notre ville épiscopale.

Nous lui demeurons nous-même reconnaissant d'avoir, par là, fourni l'occasion à tous de constater évidemment, ainsi que Rome vient de le déclarer en ces derniers temps, à savoir : que la réalité des phénomènes du magnétisme est tout ce qu'il y a au monde de plus incontestable et de mieux prouvé et que son usage est permis, intéressant et la science et la foi, quand il consiste, comme le fait s'est passé sous nos yeux émerveillés, dans le simple emploi de moyens physiques, licites eux-mêmes, et dans leur opération.

† A. François.
Évêque de Digne.

14

Valence, le 9 juillet 1885.

Je soussigné, chanoine-secrétaire général de l'Évêché de Valence, certifie que, le 1er juillet 1885, M. Moutin a donné une séance de magnétisme au Petit Séminaire de Valence, avec l'autorisation de Mgr l'Évêque.

Les professeurs et les élèves ont été vivement surpris et intéressés par les expériences de M. Moutin. Fréquemment les applaudissements sont venus montrer combien cette séance était agréable. — Il est à peine nécessaire d'ajouter que les plus exigeants n'ont pas trouvé à répondre un seul mot.

MM. les professeurs du Petit Séminaire se félicitent donc d'avoir pu procurer à leurs élèves cette récréation aussi instructive qu'agréable.

S. COLOMB,
Secrétaire général de l'Évêché.

———

Valence, le 17 juillet 1885.

Le jeudi, 2 juillet, M. Moutin a donné, aux élèves du Collège et de l'École normale primaire, une séance d'hypnotisme au Gymnase civil de Valence. Dans cette soirée, M. Moutin a intéressé au plus haut point toute l'assistance, par les effets étranges qu'il a produits sur un bon nombre des élèves des deux établissements. L'opérateur exerce une très grande puissance magnétique sur des sujets non préparés et inconnus, les soumet à l'immobilité ou à des mouvements involontaires, leur ôte à son gré la voix ou l'ouïe, en un mot, les assujettit absolument à sa volonté, et paralyse, sans aucun inconvénient pour le sujet éprouvé, toutes ses forces physiques. — Jamais démonstration plus attachante de phénomènes inexplicables n'a été donnée devant un public plus émerveillé, et jamais soirée n'a captivé à ce point l'attention de tous.

Le Principal,
Diou.

Digne, le 7 novembre 1885.

Je soussigné, Principal du Collège de Digne, certifie que M. Moutin a donné, le 7 novembre, aux élèves de l'établissement, une séance de magnétisme très intéressante. Les diverses expériences ont parfaitement réussi et lui ont attiré les applaudissements unanimes des assistants et les félicitations des invités.

Le Principal,
Combes.

M. Moutin, qui, il y a huit jours, donnait, dans les bureaux du *Voltaire*, une séance d'hypnotisme des plus intéressantes, et que plusieurs de nos camarades et de nos confrères ont manifesté le désir de voir renouvelée, a rempli la soirée de ses expériences.

Plus de cinq cents personnes se pressaient donc, hier soir, dans le grand salon du Zodiaque : citons au hasard du souvenir :

Le colonel Fayet et le capitaine Moinier, officiers d'ordonnance du président de la République ; MM. Pallu de la Barrière, Georges Charpentier, Arthur Meyer, directeur du *Gaulois ;* Gailhard, directeur de l'Opéra ; Albert Carré, directeur du Vaudeville ; Paul Foucher, Raoul Toché, Émile Blavet, Georges Boyer, Catulle Mendès, Léon Bienvenu, Gustave Rivet, Henry Bauer, Campbell, Clarke, le correspondant du *Daily Telegraph;* Farman, du *Standard ;* Victor Roger, Victor Simond, Plunkett, directeur de l'Eden-Théâtre ; Rodolphe Burgues, le président des sauveteurs de la Seine ; Georges Niel, Edmond Hubert, directeur du *Monde illustré ;* Paul Robert, Henri Gervex, les docteurs Dézarènes, Maurel, Tripet, Ph. Maréchal, Paul de Laugenhagen, G. Livet, Émile André, Ed. Stoullig, Mermeix, Henry Laujol, J. Isay, Léopold Videcoq, Georges Crespin, Robert Kemp, Leroy, Albert Dubrujeaud, Edmond Deschaumes, Abel Peyrouton, Octave Robin, Yveling Rambaud, Jules Hoche, d'Arnaud, Henriot, du *Charivari ;* de Mérena, vicomte d'Abzac, consul de France à La Nouvelle-Orléans, etc., etc.

Quant aux dames, leur modestie souffrirait de la moindre mention.

M. Moutin a commencé par expliquer en quoi consistaient ses expériences. Sur des personnes nullement endormies, conservant toute leur liberté d'action et leur libre arbitre, M. Moutin exerce un pouvoir d'attraction *magnétique* — employons ce mot à défaut d'autre — vraiment extraordinaire.

C'est ainsi que sur un de mes confrères du *Gaulois* il a agi avec une puissance extraordinaire.

Il l'a fait mettre à genoux, l'a attiré à vingt mètres de distance, le sujet tournant le dos, s'est battu en duel en paralysant absolument les mouvements de son adversaire et, finalement, lui a ordonné, sans le toucher, de retirer sa redingote devant toute l'assistance !

Des bravos unanimes ont salué cette expérience faite sur notre confrère, soumis pour la première fois à la puissance magnétique et qui, de son propre aveu, nous disait être impuissant à résister à la volonté de M. Moutin, quoiqu'il conservât toute sa raison.

Les expériences des doigts mis sur la glace, sans que la personne puisse les retirer, ont été renouvelées avec succès.

Mais un incident qui a eu beaucoup de succès mérite d'être signalé.

Une jeune femme prise parmi les assistants a été soumise de loin à la puissance magnétique de M. Moutin.

La regardant fixement, M. Moutin a produit sur elle un tremblement nerveux très intense. Puis, malgré la volonté très formelle de cette personne, l'a forcée à se lever, à marcher vers lui, à grimper sur la petite estrade, à venir s'asseoir près de lui et à se pencher sur son épaule. Et cela sans la regarder, tout en causant avec elle, ayant seulement exprimé la volonté qu'elle vînt vers lui.

Je ne relaterai pas les expériences faites sur mes confrères et sur moi-même ; la mise à genoux malgré tous nos efforts, l'impossibilité dans laquelle M. Moutin nous a mis de nous relever, de l'attraction qu'il produisait sur nous en appuyant légèrement sur l'épaule, l'enchaînement qu'il nous faisait subir par la simple application de la paume de ses deux mains.

Je me contenterai de mentionner le succès qui a salué toutes les expériences de M. Moutin.

(Le *Voltaire* du 22 avril 1887.)

Dès qu'on est entre les mains de ce diable d'homme, on n'a plus son libre arbitre, on devient une simple machine, un instrument banal, un sous-Moutin. Il faut céder aux lois de ce Zampa en habit noir et à la barbiche en pointe.

M. Moutin nous explique lui-même ses intentions. Comme il est bien évident qu'il ne doit pas se servir de compères, il prie quelques personnes de la société de vouloir bien monter sur l'estrade. Après une courte hésitation, quelques vaillants se décident à donner l'exemple. Ce sont des médecins, des journalistes, des boulevardiers, tous fort connus et excluant tout soupçon de compérage. Quelques représentants du beau sexe se hasardent même à courir les risques de l'expérience. Honneur aux dames !

Son choix terminé, M. Moutin s'est mis à faire travailler ses pantins de la façon la plus curieuse et la plus amusante. N'essayez pas de lui résister, vous vous fatigueriez inutilement. D'un geste, il vous cloue à terre, et vous empêche de vous relever. Rien qu'en passant un doigt sur votre épaule, il vous entraîne d'un bout de la salle à l'autre, vous met le bras en catalepsie ou bien encore vous fait tituber à l'instar d'un homme ivre. Notez bien que le sujet ne dort pas, qu'il ne perd pas un instant la notion de son être, et que c'est tout en causant avec ses amis et connaissances qu'il obéit aux ordres de l'inflexible M. Moutin.

(Le Gaulois du 21 avril.)

Samedi 23 avril, le comité de l'association des étudiants avait organisé au siège social, 4, rue des Écoles, une soirée des plus intéressantes. Nous avons assisté là à des expériences de suggestion à l'état de veille et à l'état d'hypnotisme provoqué par M. Moutin, avec une facilité dont nous avions eu jusqu'ici peu d'exemples. Ce qu'il y a surtout de remarquable dans ces expériences, c'est qu'elles étaient faites sur des étudiants, c'est-à-dire sur des sujets nullement préparés, et qu'elles ont pleinement réussi sur un grand nombre de personnes. M. Moutin, qui avait surtout pour but de convaincre par des faits indiscutables les nombreux étudiants accourus à l'appel du Comité, a fait preuve de beaucoup de tact en se montrant très réservé sur l'interprétation des phénomènes provoqués par lui. Il a simplement fait ressortir leur côté scientifique.

L'assistance a été vivement impressionnée en voyant plusieurs étudiants en médecine, sceptiques de leur naturel, obéir à toutes les suggestions de l'expérimentateur, et elle n'a pas ménagé les applaudissements à M. Moutin.

Dᵣ Bérillon.
(*Revue de l'hypnotisme.*)

La soirée donnée l'autre semaine par le *Courrier Français* a été très intéressante. M. Moutin, le magnétiseur à la mode, a produit une impression extraordinaire par des phénomènes d'hypnotisme et de suggestion mentale sur des sujets pris au hasard dans le public, etc., etc.

(Le *Figaro* du 30 mai 1887).

TABLE DES MATIÈRES

DEUXIÈME PARTIE

PRATIQUE

FIN